KB114670

월세 부자의 비밀 노트

부동산 투자 2년 만에 매달 2000만 원 받는

월세 부자의 비밀노트

| 임정택 지음 |

지금 당장 써먹는 실전 부동산 워크북

책비

작은 물방울이 모여 바위에 구멍을 뚫는다

대학을 졸업하고 평범한 직장인으로 사회생활을 시작했다. 시도 때도 없이 찾아대는 거래처와의 상담과 매일 이어지는 야근으로 몸은 만성피로 상태였다. 그러던 어느 날 몸이 아파왔다. 병원 검사 결과 엉덩이뼈에 염증이 생겨서 수술을 해야 했다. 수술에 대한 막연한 무서움에 잠시 쉬면서 한방으로 치료하기 위해 휴직 신청을 했다. 조금 회복이 되어갈 때 IMF가 시작되었고, 나의 첫 직장 생활은 그렇게 퇴사로 이어졌다.

이듬해 여름, 동대문에서는 새로운 기회의 장이 열리고 있었다. '밀리OO'라는 소매시장이 야간에 문을 열며 올빼미 문화를 만들었고, 거대한 상권을 형성하였다. 그곳에서 새로운 문화의 가능성을 발견하고, 그 당시 3300만 원이라는 자금으로 인생 첫 창업을 시작했다. 빨간색 밀리OO 봉투는 서울 시내 어디에서나 볼 수 있었고, 많은 사람들의 방문이 판매로 이어지는 공전의 히트를 기록하며, 나의 첫 창업은 대성공을 거두었다.

사업에 자신이 생겨 본격적인 사세 확장을 시작했다. 도매시장인 APM 상가 1층에 숙녀복 매장을 열었고, 명동 밀리OO 등 5개의 점포를 열며, 하루도 쉬는 날 없이 일에 미쳐 바쁘게 지냈다. 24시간 움직이는 동대문 상권에서 피 말리는 경쟁의 시간이 이어지던 어느 날, 몸에 다시 한 번 이상 신호가 왔다. 병원을 찾았을 때 더는 방치하면 안 된다는 의사의 강력한 권유가 있었다. 그러나 벌여놓은 일들이 너무 많아 망설이고, 수술을 미뤄가며 버티고 있었다. 계속되는 통증은 그야말로 뼈를 후벼 파는 아픔으로 진통제도 소용없었다.

그렇게 모든 것을 뒤로하고 병원에 입원했다. 대퇴골에 생긴 염증을 제거하고, 제거된 공간에 인공 뼈를 채워 넣는 수술이었다. 움직이다 수술 부위가 부러지면 매우 위험한 상황인지라 발목부터 가슴까지 온몸을 통째로 깁스를 하게 되면서 예상보다 오랜 재활 기간이 필요했다.

그 사이 동대문 시장은 무한경쟁 체제로 변해갔다. 결국 1년이라는 공백을 메우지 못하고 첫 번째 시련이 찾아왔다. 그때 나이 서른한 살이었다. 빠른 성공은 두 배의 고통이 되어 다가왔다.

'왜 이런 시련이 나에게 온 것일까?'

점포 보증금으로 거래처에 있던 외상 대금을 정리했으나 개인적인 은행 빚과 카드 빚이 목을 조여왔다. 매달 돌아오는 이자 날짜는 사람의 영혼을 메마르게 했고, 빚 독촉 전화벨 소리는 나를 점점 황폐하게 만들었다. 자괴감과 상실감은 자살이라는 극단적 생각으로 빠져들게 했다.

'이렇게 인생을 끝내야 하는가?'

지칠 대로 지친 몸과 영혼으로 고통의 나날을 보내고 있을 때 몇 해

전 돌아가신 아버님 말씀이 떠올랐다.

아들아!

인생은 한순간에 결정되는 게 아니란다.

물방울이 떨어져 바위에 구멍을 뚫듯이 꾸준히 최선을 다해서 사는 것이 중요하단다.

명심하거라. 포기하지 말고 끝까지 최선을 다하면 반드시 좋은 결과를 만들 것이다.

정신이 번쩍 들었다. 자존심이 허락하지 않았다. 오기가 생겼다. 6개월 동안 최선을 다해서 열심히 살아보고, 그래도 생활이 나아지지 않으면 그때 가서 삶을 포기해도 늦지 않다고 생각했다.

낮에는 미친 듯 일하고 밤에는 책을 읽었다. 실패를 교훈 삼아 나 자신을 무장해야 한다고 생각했다. 경제, 사회, 정치, 문화 등 다양한 분야의 책들과 신문, 잡지 등을 읽고 한 단계 성장하는 느낌이 들었다. 그렇게 재기의 시간을 준비했다.

그 당시 2002년 한일 월드컵에서 한국 축구는 드라마틱한 상황을 만들며, 한 경기 한 경기 피 말리는 승부를 펼치고 있었다. 시장에서는 시민 응원단들이 입는 붉은 악마 티셔츠가 없어서 못 파는 상황이었다. 의류 제작과 유통 사업을 했기에 남보다 빨리 시장에 내놓으며 대박을 터트렸다. 그렇게 시작한 유통 사업은 흥하고 망하기를 두 번 더, 천당과 지옥을 오갔다.

사랑하는 아내와 어린 아들을 바라보면서 눈물로 밤을 지새우고, 다

짐하고 또 다짐했다. 다시는 실패하지 않겠다고, 아들에게 성공한 아버지의 모습을 보여주겠다고. 어떤 역경이 있더라도 이겨낼 수 있다는 자신감과 할 수 있다는 용기, 준비된 자만이 성공할 수 있다는 확신 등으로 자기계발에 전념하며 도서관에서 1년여 동안 책을 읽으면서 재기를 준비했다.

그러는 사이 집안 살림은 점점 궁핍해졌다. 더는 버틸 수 없는 결단의 시간이 다가오고 있었다. 남아 있는 거라곤 집 한 칸이 전부였고, 이것만은 지키고 싶었다. 생활비에 은행 대출금까지 해결해야 했기에 언제까지 책만 읽고 있을 수는 없었다.

그때 우연한 기회로 시작한 것이 부동산이었다. 관심도 없었던 부동산이었지만 우리 가족의 보금자리를 지킬 방법을 찾아내야 했다. 알 수 없는 용어와 어려운 법률 상식 등 생소한 분야의 강의를 들을 때는 힘들었지만, 시간이 지날수록 부동산으로 성공한 사람들의 이야기를 들을 수 있었다. 혹시 나도 저렇게 돈을 벌 수 있을까 생각하며, 본격적인 부동산 공부를 시작했다.

경제 신문, 경제 주간지, 부동산 재테크 세미나 참석, 관련 서적 읽기, 경매와 부실채권 전문 강의 등을 들으며 기본 지식을 키웠고, 하루도 빠지지 않고 부지런히 현장을 찾아다니며 시장 조사와 시세 조사를 통해서 투자 목록을 정리해갔다. 그렇게 정리한 나만의 투자 노트는 성공의 밑바탕이 되었다.

2015년 월세 수익은 2000만 원을 넘었다. 부동산 전업 투자자로서 단기간에 놀라운 투자 성과를 올리며 다시 한 번 제2의 전성기를 보내고 있다. 힘들고 지쳐 있을 때 용기를 주셨던 주변 분들을 위해 내가 할 수 있는 일이 무얼까 생각했다. 현재 내가 하는 일을 공유해서 그분들에게 조금이나마 보탬이 될 수 있다면 그동안의 성원에 보답하는 길이 아닐까 싶었다.

그래서 지난 시간 준비하고 공부해온 투자 방법을 함께 공유할 수 있도록 연구회를 만들고 새로운 도전을 시작했다. 양질의 교육을 통해 효과적으로 연구회를 이끌고 차별화된 강의와 안전한 투자법으로 높은 수익을 만들어낼 방법을 연구했다. 그렇게 연구원들과 이루어낸 결과는, 연구원들이 월 1억 원이 넘는 월세를 받고 있다는 사실로 증명했다. 부실채권 시장에서 쌓은 실전 경험, 독서를 통한 자기계발과 동기부여 등으로 새로운 방식의 커리큘럼을 만들고 수익형 부동산을 통해 경제적, 육체적, 정신적 자유를 찾는 새로운 사명이 생겼다.

모두가 행복한 인생을 만드는 그날까지 나의 여행은 계속될 것이다. 곁에서 항상 응원해주는 모든 분들과 연구원들, 그리고 사랑하는 아내와 아들에게 다시 한 번 감사의 인사를 전한다.

저자 임정택 씀

차례

PART 5

틈새 투자 전략이 부동산 고수를 만든다

PART 6

묻고 답하며 알아보는 부동산 투자의 비밀

Part 1

사례로 알아보는 부동산 투자 성공 노하우

30대 직장인, 2억 원으로 강남에 내 집 마련한 비결

"안녕하세요, 반갑습니다. 어떤 고민이 있으세요?"

"30대 직장인입니다. 현재 살고 있는 지역은 은평구 불광동입니다. 세 달 후 전세 만기라 이사 준비를 하고 있는데 이사를 한다면 어디로 가는 게 좋을지 문의합니다. 또 지금 집을 사도 되는지 궁금합니다."

"직장은 어디세요?"

"직장은 강남구입니다."

"자녀가 있나요?"

"네, 이제 6개월 된 딸 하나 있습니다."

"지금 전세 보증금은 얼마인가요?"

"2억 원입니다."

"그럼 이 금액으로 전셋집을 알아보고 계신가요? 여유 자금이 더 있나요?"

"전세 보증금 외에 현금 5000만 원 있습니다."

"2억 5000만 원의 자금이 준비되었군요. 알겠습니다. 직장이 강남이면 직장 인근으로 알아보는 게 좋을 것 같아요. 회사도 튼튼하고 개인적인 역량도 출중하셔서 미리 강남 입성을 준비하는 게 어떨까 생각합니다. 강남 송파구면 직장도 가깝고, 이 지역에 신축 빌라 공급이 많아 주거 환경도 좋습니다."

"빌라를 구입해도 될까요? 사는 순간부터 가격이 떨어지는 게 빌라라고 들었는데요?"

"그렇지 않습니다. 예전의 빌라를 생각하고 그런 말씀들을 하시는 겁니다. 요즘 신축 빌라들은 생활하는 데 불편함 없이 잘 짓고 있습니다. 주차장 확보와 승강기 설치가 젊은 주부들에게 좋은 점수를 받고 있습니다. CCTV와 첨단 경보 시스템 설치 등으로 아파트와 같이 보안 강화에 신경 쓰고 있고, 외벽은 대리석으로 마감을 하여 외관 디자인을 멋지게 꾸미고 있습니다. 요즘은 LED 조명을 설치하고 에어컨과 전기레인지 등을 기본 옵션으로 설치하는 곳도 있습니다. 이렇듯 빌라는 생활하는 데 불편함이 없으면서도 적은 비용으로 내 집 마련을 할 수 있는 장점이 있습니다. 여유가 있어서 아파트를 구입하면 더 좋겠지만 여러 사항을 고려했을 때 송파구 빌라 구입을 추천합니다."

"강남은 생각도 못 해본 지역인데요. 가격이 비싸지 않을까요?"

"3룸 기준으로 3억 원 중후반 정도입니다. 지금 있는 자금에 일부 대출을 활용하면 구입 가능한 금액입니다. 아파트를 권하고 싶지만 월 이자와 상환 금액이 만만치 않을 것 같습니다. 신축 빌라 쪽으로 생각해보고 월 지급액도 꼼꼼히 비교해보세요. 월 30만 원 선이면 지금의 연봉으로 충분히 지출 가능한 금액입니다."

"전 강남이 아니어도 괜찮은데 대출을 받으면서까지 집을 구입해야 할까요?"

"주거 문제는 단순하지 않습니다. 가족이 모여 사는 공간에서 변화하여 지금은 구성원들의 추억을 공유하고 삶의 질을 판가름하는 척도가 되었습니다. 주거가 흔들리면 가정 자체가 흔들립니다. 집은 필요할 때 구입하는 것입니다. 투자의 대상이 아닌 실거주 목적이라면 가족을 위해서 구입하는 것도 좋을 것 같습니다."

"요즘 재테크에 관심이 많습니다. 집을 사는 게 먼저인가요? 아니면 재테크를 하는 게 먼저인가요? 정말 궁금합니다."

"하하! 글쎄요, 전 집이 있습니다. 하지만 처분을 못해서 작전을 달리 세우고 있습니다."

"대표님은 재테크가 먼저라 생각하시는군요?"

"그건 개인의 문제인 것 같습니다. 자금에 여유가 있어서 집도 있고 재테크도 하면 좋겠죠. 하지만 어디 그렇게 여유가 있는 분들이 많을까요? 다 살아가면서 고민하는 부분이라 생각해요. 개인 상황에 따라서 달리 전략을 짜야 합니다. 무조건 재테크가 옳다든지 무조건 집을 구입해야 한다든지 하는 것은 아닌 것 같습니다."

"그럼 제 경우는 집을 사는 게 먼저인가요, 재테크가 먼저인가요?"

"아주 적절한 질문입니다. '내가 만약 저 상황이라면 어떻게 할까?' 생각해보면서 답을 찾아보겠습니다. 지금 2억 원의 전세 자금과 5000만 원의 현금, 5000만 원의 연봉, 맞벌이 부부인 점 등을 고려해보면 내 집 마련 후 재테크 전략을 쓰겠습니다. 아직 아이가 어려서 학교에 대한 고민은 적겠지만 요즘은 유치원부터 친구들과 커뮤니티를 형성합니다. 송파구 쪽이 학군도 좋고 강남 접근성과 미래 가치도 충분한 곳이어서 신축 빌라를 알아보시고 주거 안정을 꾀한 후 다시 한 번 재테크 전략을 세워보시죠."

"알겠습니다. 오늘 말씀 감사했습니다."

이분은 송파구 신축 빌라로 이사하여 첫 내 집 마련을 실행에 옮겼다.

매입 금액 : 3억 5000만 원

대출 금액 : 1억 원

월 대출 이자 및 원금 상환액 : 50만 원

이사 후 몇 달이 지나 다시 한 번 상담 신청이 있었다.

"대표님, 감사합니다. 아내가 너무 좋아하네요. 내 집 마련은 물론이고 이사한 지역의 인프라가 너무 마음에 든다고 꼭 감사 인사 전해드리라고 하네요."

"네, 결정 잘하신 거예요. 집 정리는 다 끝나신 거죠?"

"다 정리했고 이제 재테크 공부를 하려고요. 지난번에 이사하고 나서 찾아오라 하셨잖아요. 그래서 다시 왔습니다."

"잘 오셨어요. 그럼 본격적으로 재테크 상담을 해볼까요?"

종잣돈 만드는 방법

TIP

1. 개인의 신용을 활용한다

개인 신용대출, 마이너스 통장, 직장인 신용대출, 자격증 대출 등이 있다.

2. 직장을 활용한다

퇴직금 중간 정산, 회사 내 대출, 퇴직금 담보대출, 직장인 신용대출 등이 있다.

3. 살고 있는 집을 활용한다

살고 있는 집을 활용해 담보대출 등을 활용하여 자금을 만든다.
자가에서 전세로(전세자금대출 활용) 전환 후 투자금을 확보한다.
자가에서 월세로 전환한 후 투자금을 확보한다.
전세나 월세로 이동 시 전세자금대출 이자와 월세 이자를 비교하여 최소 지출 비용을 선택한다.

4. 공부를 열심히 해서 주변인들에게 투자를 받는다

경매나 부실채권 투자법을 공부해 확실한 투자 수익을 올릴 수 있는 물건으로 투자를 유치한다.

월세, 마음먹은 사람만 받을 수 있다

신입 연구원 한 명이 이렇게 물어왔다.

"저도 월세를 받고 싶어요. 어떻게 하면 될까요?"

"우선 종잣돈을 모아야 합니다. 종잣돈이 없다면 내가 그동안 모아 놓은 돈들이 어떻게 쓰이고, 어디에 모여 있는지 찾아봐야겠죠. 펀드나 예금, 적금 등은 얼마나 되세요?"

"펀드에 2000만 원 들어가 있습니다. 그리고 보험에 꽤 들어갔지요."

"정확히 알아보세요. 펀드에 얼마가 들어가 있고 보험에 얼마가 들어가 있는지, 보험에서 대출받을 수 있는 금액과 금리도 알아보고요. 주거래 은행에서 마이너스 통장으로 얼마를 만들 수 있는지도 확인해봐야 합니다."

"생각지도 못한 곳에서 자금을 만들 수 있네요."

"그렇게 숨어 있거나 활용할 수 있는 자금으로 종잣돈을 만들어야 합니다. 이마저도 없다면 당연히 근검, 절약해서 월급 쪼개 적금 들고 매일 먹는 치킨 한 마리와 맥주 줄여서 재테크해야 합니다."

무심코 먹는 치킨 한 마리의 위력을 한번 살펴보겠다. 치킨 한 마리와 맥주 한 잔 마시는 금액을 하루 2만 원으로 잡고, 한 달이면 60만 원이다. 1년이면 720만 원, 10년이면 7200만 원이다. 한 달에 수익형 부동산으로 60만 원을 받으려면 평균 1억 원이 있어야 하고, 이것은 7.2퍼센트의 수익률로 받을 수 있는 금액이다. 부담 없이 먹는 치킨 한 마리 비용이 1억 원으로 벌 수 있는 금액과 같은 셈이다. 재테크 이전에 지출부터 줄여야 한다. 무심코 먹고 마시는 치킨 한 마리, 맥주 한 잔이 노후 준비를 가로막을 수도 있다.

그 신입 연구원이 상담 이후에 준비한 자금은 8000만 원이다. 또다시 수익형 부동산을 찾아 나섰다.

수익형 부동산을 선택할 때는 목돈을 넣었는데 푼돈이 나온다고 실망하지 말아야 한다. 8000만 원에 수익률 15퍼센트로 잡아도 월 100만 원의 수익이다. 하지만 많은 사람들이 이 투자에 만족하지 않는다. 8000만 원을 가지고 1억 원, 2억 원의 수익을 단기간에 얻기를 원한다. 하지만 나에겐 그런 재주는 없다. 거북이처럼 꾸준히 월세를 만들어 현금 흐름을 좋게 만드는 방법을 선택했다. 내 경우 부동산 투자를 한 지 13개월이 되자 매달 생활비 걱정에서 벗어났고, 24개월이 지나면서 새로운 도전을 시작할 수 있었다.

월세를 받아 현금 흐름이 좋아지면 인생이 달라진다. 나는 1년이 지나고 안정기에 들어서면서 강의 준비를 시작했고, 초보자도 도전하여 성공할 수 있다는 메시지를 주기 위해 책 쓰기도 시작했다. 예전에 살아왔던 삶의 방식을 바꾸고 다른 삶을 살게 됐다. 월세로 월급을 받는 삶을 여러분도 상상해보기 바란다. 월세가 1000만 원이 들어오고 2000만 원이 넘어서면 삶이 어떻게 바뀔지 한번 상상해보기 바란다. 상상에서 시작한 나의 도전은 2년 만에 완성되어 또다시 새로운 목표가 필요했다.

얼마 지나지 않아 월세 190만 원짜리 오피스 물건이 나왔다. 현재는 공실이지만 약간의 비용을 들여서 공사하면 훌륭한 수익형 부동산으로 거듭날 수 있는 물건이었다. 현장을 방문해 주변에 나와 있는 임차 물건의 상태를 점검하고 월세 수준을 알아보았다.

기존 임대인들이 임대를 놓고 있는 물건들은 임차인들에게 아무런 혜택을 주지 않았다. 더러운 벽지를 청소해서 그냥 사용하라고 하거나, 책상이 있던 자리에 사람 발자국이 남아 검게 변한 바닥을 청소도 안 하고 임차 물건으로 내놓기도 했다. 오래된 건물만큼이나 임대인들의 생각도 관행에 젖어 있다. 임차인을 위한 지출을 생돈이 나간다고 생각하여 어떠한 투자도 하지 않는다. 하지만 이런 물건이 주변에 많으면 충분한 경쟁력이 생긴다.

약간의 비용을 들여 벽지를 바꾸고 스위치와 전등을 교체했다. 바닥은 왁스 코팅으로 묵은 때를 깨끗이 지워냈다. 이렇게 때 빼고 광내서 임차인을 맞이하면 인테리어 공사를 하는 동안 거의 계약이 성사됐다.

매입 금액 : 3억 8000만 원

대출 금액 : 3억 원

보증금 및 월세 : 2000만 원 / 190만 원

월 이자 : 70만 원

이자 공제 후 월 수익 : 120만 원, 연 1440만 원

실투자 금액 : 6000만 원

수익률 : 24퍼센트

이렇게 받은 월세는 매달 다시 재투자를 하기 위해 종잣돈을 모으는데 사용한다. 연봉과 월세를 합쳐 억대 연봉에 도전하고 싶다는 당찬 포부를 밝혔다.

'연봉 1억, 꿈은 이루어진다.'

여러분도 부동산 재테크를 통해서 억대 연봉의 꿈을 이루기를 기대한다.

30대 전업주부 월세 1200만 원, 꿈은 이루어진다!

"30대 전업주부입니다. 부동산 투자를 해보고 싶어요. 잘 모르는 분야라 무섭고 두려운 마음이 큽니다. 하지만 부동산 재테크를 통해서 노후 준비를 하고 싶습니다. 어떻게 해야 하는지 조언을 구하러 상담 신청했습니다."

"어디에 거주하시죠?"

"일산에 거주합니다."

"남편 직장은 어디세요?"

"파주에 직장이 있습니다."

"애들은 몇 살인가요?"

"초등학교 4학년과 1학년, 두 명이에요."

"집은 자가인가요, 전세인가요?"

"전세 2억 8000만 원에 있습니다."

"부동산 투자 경험은 있으신가요?"

"아니요. 살고 있는 집 계약하는 정도만 해봤지 매입해서 투자하거나 그런 적은 전혀 없어요."

"부동산 투자를 해야겠다고 마음먹은 이유가 있나요?"

"음, 저 자신에 대한 활력이 필요했어요. 아이들이 초등학교에 들어가니 개인 시간이 조금씩 나는데 딱히 할 일이 없네요. 주식 투자도 해보았지만 손해만 봤던 터라 부동산 공부를 해서 노후 준비도 하고 애들 학비도 벌고 싶다는 생각이 들었어요. 그리고 무엇보다 어떤 일이든 할 수 있다는 자신감을 찾아 경제적 자유를 누리고 싶어요."

"네, 잘 오셨습니다. 수업 빠지지 말고 열심히 듣고 부지런히 현장 다니시며 제가 하라는 대로 실천하면 얼마든지 가능한 이야기입니다."

"네, 꼭 성공하고 싶습니다. 잘 부탁드릴게요."

"처음 부동산 투자를 해야겠다고 마음먹고 여러 곳을 다니며 정보를 구하러 다니죠. 돈 되는 좋은 정보가 없을까, 투자에 필요한 준비 사항은 무엇일까, 실패하지 않으려면 어떤 것에 신경을 써야 할까 등등, 근심과 걱정이 너무도 많은 시기입니다. 그럴 수밖에 없죠. 왜? 해보지 않은 일을 하려면 무섭고 두렵고 걱정스러운 게 당연한 현상입니다."

"맞아요. 어떻게 그리 잘 아세요?"

"오시는 분들이 다 그러세요. 하지만 투자를 해서 이익을 내는 것은 이러한 두려움을 극복하고 이겨낸 것에 대한 보상일 뿐입니다. 행동 없이는 결과도 없습니다. 아무것도 하지 않고 아무런 변화 없이 사는 게 안전한 삶이라고 생각하는 분들이 많죠."

“주부로 살아온 저로서는 크게 무리해서 해야 할 일들이 거의 없었죠. 누구는 어디에 투자해 얼마 벌었다 하는 이야기들이 남 얘기였지 저한테는 그림의 떡이었어요. 이번 기회에 변화에 동참해보고 싶어요.”

“평범한 인생을 살아온 어머님들이 60세가 넘어서 부동산에 관심을 갖고 찾아와서 하는 이야기가 있습니다. 남편이 벌어다 주는 돈 가지고 살림만 잘하면 된다고 생각하고, 아이들이 잘 크기를 바라면서 한눈 안 팔고 가정을 위해 살아왔다고요. 그러면서 자기 인생이 허무하다고 하시지요. 월급을 아껴서 생활하면 된다고 생각했는데 60년 살아보니 아무것도 남는 게 없다고 하세요. 이제라도 새로운 인생을 찾아 살아보고 싶은데, 부동산 재테크를 통해서 경제적으로 여유롭게, 정신적으로 풍요로운 인생 2막을 살고 싶다는 이야기를 많이 합니다.”

“그럴 수도 있겠네요.”

“산업화로 일자리가 많고 고용이 안정된 시대의 가정에 있었던 평범한 이야기입니다. 하지만 지금은 어떤가요? 평생 고용이라는 단어는 이미 사라졌습니다. 회사가 개인의 인생을 책임져주지 않습니다. 많은 사람들이 은퇴 후 노후 생활에 대한 준비가 부족한 채로 살아갑니다. 자식들 키우느라 드는 학원비, 등록금, 결혼 자금이 노후 생활을 가로막는 재앙이 되어가고 있습니다.”

“그러게요. 요즘은 ‘실버푸어’라는 새로운 말이 뜨고 있네요.”

“일자리가 줄어들어 젊은 사람들의 고용 불안은 기성세대가 생각하는 것 이상으로 심각합니다. 저성장에 저출산으로 노동 인구가 줄어들어 사회 문제가 되고 있습니다. 노후 준비는 지금 당장 해야 합니다. 여유 자금은 얼마나 있으세요?”

"1억 원 정도 있습니다."

"다른 부동산은 없으신가요?"

"대구에 아파트가 한 채 있습니다. 시부모님들이 이곳에 살고 계세요."

"대구 아파트는 시세가 얼마나 하나요?"

"대략 2억 원 정도 할 거예요."

"어떤 부동산을 원하나요?"

"매달 월세가 나오는 수익형 부동산이면 좋겠어요. 아이들 학원비도 만만치 않고 노후 준비도 해야 해서요."

"1억 원이면 대출을 활용해 수익형 부동산에 투자하면 연 15퍼센트의 수익률을 올릴 수 있습니다."

"꼭 대출을 받아야 하나요? 빚지는 거라 마음이 불편하네요."

"대출을 안 받고 자기 자금으로만 부동산을 구입하면 많게는 30퍼센트 정도까지 수익률에 차이가 납니다. 지금처럼 은행 이자가 쌀 때는 대출을 적극 활용하는 게 유리합니다. 적은 돈을 투자해서 최대의 이익을 내는 게 수익률을 높이는 방법입니다. 대기업도, 중소기업도, 부자들도, 하물며 은행도 예금 이자 대비 대출 이자 차이로 수익을 냅니다. 우리 같은 일반 서민들만 은행을 멀리하고 살아갑니다."

"금리가 올라가면 어떻게 하죠?"

"금리는 미국의 영향도 많이 받습니다. 미국과 한국의 적정 금리 차이는 1퍼센트입니다. 미국이 최대 3.5퍼센트까지 점진적으로 금리 인상을 실시한다는 내용은 다들 아는 사항입니다. 우리나라 금리도 최대 4.5퍼센트까지 올라갈 수 있다는 가정에 따라 수익률이 높은 수익형 부동산으로 준비하면 막연한 금리 인상에 따른 걱정은 해소할 수 있습니다."

"그렇군요."

"금리 인상을 걱정하는 것보다 아무것도 하지 않는 지금의 모습을 걱정해야 하는데 우리나라 사람들은 다른 건 다 빨리빨리 외치면서 노후 준비만큼은 어찌 그리 걱정만 하고 아무것도 안 하는지 모르겠어요."

"알겠습니다. 대표님만 믿고 따라갈게요. 좋은 물건으로 추천해주세요."

"일단 준비된 자금으로 알아볼게요. 그동안 준비해야 할 것이 있습니다. 월세를 받기 시작하면 그 다음부터는 어떻게 하면 종잣돈을 모아서 또 다른 수익형 부동산에 투자할 것인지를 고민하게 됩니다. 지금부터 자금을 미리미리 준비하는 게 좋습니다."

"가지고 있는 자금이 정해져 있는데 다음 물건을 어떻게 구한다는 거죠?"

"보통은 다들 그렇게 생각합니다. 대구에 있는 집은 가격이 많이 올랐을 텐데 매도가 가능한가요?"

"시부모님들이 살고 있어서 매도하기는 힘들 것 같아요."

"그러시군요. 명의는 남편 명의로 되어 있나요?"

"네."

"집은 추후에 고민하는 것으로 하고, 남편 직장이 대기업이네요. 주거래 은행에서 신용대출을 한번 알아보세요. 최대 1억 원까지도 가능할 겁니다."

"그렇게나 많이요?"

"회사가 신용이 되는 거죠. 보통 군인이나 공무원, 대기업에 다니는 분들은 1억 원 정도 대출 받는 분들도 많습니다."

"신랑한테 알아보라고 할게요."

이렇게 시작한 평범한 주부와 나눈 재테크 상담은 한 가정에 큰 변화를 가져왔다. 이분은 월세 450만 원짜리 상가를 선택했다. 준비한 자금보다 더 들어가는 금액이었다. 임차인도 맞춘 상황이라 자금만 준비되면 걱정 없이 진행할 수 있었다. 부족한 자금은 남편의 신용으로 마이너스 통장에서 충당했다. 대기업에 다니는 남편의 협조로 1억 원의 추가 자금을 확보해 어렵지 않게 재테크에 입문했다.

매입 금액 : 8억 3000만 원

대출 금액 : 6억 6400만 원

대출 이자 : 160만 원

보증금 및 월세 : 5000만 원 / 450만 원

이자 공제 후 수익 : 290만 원, 연 3480만 원

실투자 금액 : 1억 1600만 원

수익률 : 30퍼센트

첫 투자를 성공적으로 마무리했다. 여유 자금도 있어서 바로 두 번째 물건을 준비했다. 투자를 결심하고 물건을 선택해서 계약을 하고 공사 기간을 거쳐 임차인이 확정되면 그 다음부터는 다른 물건을 생각한다. 돈이 준비되었건 아니건 누구나 그렇게 생각한다. 이분은 여유 자금이 있어서 바로 진행할 수 있었다. 상담과 투자를 하다 보면 타이밍이

잘 맞는 분이 있는데 이분이 그랬다. 물건을 찾으면 바로 물건을 섭외했고 자금도 바로 준비했기에 생각했던 물건을 모두 잡을 수 있었다. 이분에겐 큰 행운이 따랐다.

두 번째 물건도 바로 섭외를 했고 인테리어 공사를 진행했다. 공사 중에 임차인도 맞춰 공실 없이 바로 월세를 받을 수 있었다. 이번에는 월세 200만 원 받는 오피스 건물이었다.

많은 사람들이, 남들이 돈 번 이야기를 듣고 싶어 한다. 그런데 돈 번 사람들은 크게 할 말이 없다. 본인이 찾은 물건이든 전문가한테 추천받은 물건이든 소위 질러댈 때 질러대는 것이 가장 중요하다. 언제, 어떤 물건에, 얼마를 지를 것인지 결정하는 게 어렵지, 결정해서 질러놓으면 굴러가게 되어 있다.

생각이 깊으면 배는 산으로 간다. 투자는 간단히 생각해야 성공 확률이 높다. 투자를 할 것인가 말 것인가를 고민하지 말고 안 할 거면 잊어버리면 되고, 할 것이면 뒤도 돌아보지 말고 치고 나가면 된다. 이 생각, 저 생각은 투자를 할지 말지 단계에서 하는 것이지 하기로 결정한 다음에는 다가오는 일에 대해 대처하고 헤쳐 나가면 되는 것이다.

명심하길 바란다. 만약 이 책을 투자하기 위해 읽고 있다면 행동하면 되는 것이다. 그리고 투자를 할지 말지 고민하고 있다면 더 많은 책과 더 많은 사례, 더 많은 상담, 더 많은 발품으로 정보를 얻고 공부하면서 준비하기 바란다.

결국 이분은 3개월 만에 월세 650만 원을 받게 되었다. 그 세 달 동안 열심히 수업에 참석했고, 누구보다 열심히 현장 학습을 따라 다녔다. 선투자 후 공부한 전형적인 사례다. 이런 분들은 일단 투자를 결정하면 뒤도 돌아보지 않고 앞으로 나아가는 추진력이 있다.

무더운 더위가 한창일 때 이분이 다시 사무실을 찾아왔다.

"어서 오세요. 휴가는 다녀오셨어요?"

"네, 이번에 홍콩으로 시댁 식구들과 다녀왔어요."

"걱정하시던 시부모님들도 좋아하시죠?"

"네, 처음에는 남편도 그렇고 시부모님도 걱정 많이 하시더니 이젠 믿고 아무 말씀 안 하시네요."

두 번째 물건은 시부모님이 살고 있는 아파트를 담보로 자금을 확보해 투자했다. 시부모와 남편의 도움이 없으면 못했을 투자였다.

매입 금액 : 3억 9000만 원

대출 금액 : 3억 원

대출 이자 및 원금 상환 : 110만 원

보증금 및 월세 : 2000만 원 / 200만 원

이자 공제 후 수익 : 월 90만 원, 연 1080만 원

실투자 금액 : 7000만 원

수익률 : 15퍼센트

대출을 이용한 금액만으로 매년 1000만 원 이상의 수익을 올린 경우다. 이런 투자를 몰라서 못했다면 앞으로 하면 된다. 하지만 '이런 투자를 어떻게 해'라고 생각한다면 본인의 성격과 투자 성향을 바꿔 나가야 할 것이다.

부자가 되려면 생각부터 바꿔야 한다. 아무것도 하지 않고 부자가 될

수는 없다. 걱정을 이겨내고 극복해내야 달콤한 투자 수익을 얻을 수 있다. 세금이 무서워서 투자를 못하겠다면 직장 생활은 세금 무서워 어떻게 하나. 금리 높아질까 봐 걱정이면 이렇게 저금리에서도 못하면 투자는 언제 하겠는가. 부동산 가격이 너무 올라서 떨어질까 봐 걱정한다면 부동산 가격이 바닥이었을 때는 왜 투자를 못했을까.

누구나 부자가 될 수 있다. 하지만 부자의 DNA가 부족한 사람들이 있다. 이러한 분들은 아무것도 하지 않는다. 실패할까 봐 아무것도 하지 않고, 아무것도 안 하는 게 안전하다고 생각한다. 망하진 않겠지만 절대 부자가 될 수 없다.

최근에 이분은 또 다른 투자에 성공했다. 매입 금액 11억 6000만 원짜리 상가를 구입했다. 금액도 크고 매월 이자도 많이 나가는 상가지만 과감한 결정을 내려 계약을 마친 상황이다. 이번에는 전세 금액을 빼서 다른 곳으로 전세 이사를 가면서 전세 자금 대출을 받아 그 차액으로 투자했다. 기존 전세 2억 8000만 원을 빼서 다른 단지로 이사하면서 전세 자금 대출을 활용해 2억 원의 투자 금액을 만들었다. 물론 전세 자금 대출 이자 80만 원이 나간다. 하지만 이번 투자로 월세 550만 원을 받는다.

정리해 보면 다음과 같다.

매입 금액 : 11억 6000만 원

대출 금액 : 10억 원

대출 이자 : 전세 자금 대출 포함 330만 원

보증금 : 6000만 원

월세 : 550만 원

이자 공제 후 : 월 220만 원 수익, 연 2640만 원 수익

실투자 금액 : 1억 6000만 원

수익률 : 16.5퍼센트

투자금 1억 6000만 원은 전세 금액 뺀 금액으로 마련함

추가 투자 비용 없이 자산의 이동과 레버리지를 이용한 투자다. 총 투자 내역을 정리해보면 다음과 같다. 종잣돈 1억 원, 아파트 대출 1억 5000만 원, 마이너스 대출 1억 원, 전세 뺀 금액 2억 원으로 총 투자금액 5억 5000만 원 가운데 현금은 1억 원이다. 나머지는 신용과 전세금을 활용한 자산의 이동만으로 만든 금액이다.

월세 : 1200만 원, 1년 1억 4400만 원

이자 : 600만 원

월 순수익 : 600만 원, 연 7200만 원 순수익

1억 원의 종잣돈으로 4억 5000만 원의 투자 금액을 만들고 1년 만에 25억 원의 자산을 만들었다. 과연 이분은 미친 걸까, 대단한 걸까? 판단은 여러분들의 몫이다. 이분은 나를 볼 때마다 감사 인사를 한다. 나를 비롯한 많은 분들이 이렇게 돈을 벌어 세금을 열심히 내고 나라에 의무를 다하면서 경제적 자유를 누리고 있다.

도전하라. 끊임없는 도전이 여러분의 노후를 책임진다.

30대 월급쟁이, 억대 연봉을 만들다

"김포에서 아파트 세 채를 보유하고 있습니다. 한 채는 거주 중이고 나머지 두 채는 월세를 받고 있습니다. 대출을 활용해서 집을 구입했고 월세를 받아 이자를 충당하고 있습니다. 재테크를 잘하고 있는지 점검하기 위해 상담합니다."

"아파트 월세는 얼마나 받으세요?"

"월 120만 원입니다."

"매입은 언제 하셨어요?"

"2014년에 매입했는데 가격이 계속 올라가는 시점이라 과감하게 매입했습니다."

"잘하셨네요. 가격이 오르는 시점에서는 물건을 확보하는 게 우선인데 주저 없이 행동으로 옮긴 것이 이런 좋은 결과를 만들어낸 것입니다.

대출을 잘 활용한 점도 박수 받을 만하고요. 대출에는 좋은 대출과 나쁜 대출이 있습니다. 좋은 대출은 이렇게 월세를 받아서 이자를 지불하고 돈이 남는 구조고, 나쁜 대출은 월급이나 다른 곳에서 들어온 돈으로 이자를 지불하는 것입니다."

"대표님, 그럼 집을 대출 끼고 구입해서 살면서 이자를 내는 것은 나쁜 대출이네요?"

"그래서 자가 사용은 대출 비율을 30퍼센트 정도 적게 받으라고 하는 이유입니다. 렌트 개념으로 생각하면 됩니다. 투자 목적이 아니라면 대출 비율을 최대한 적게 해서 이자 비율을 줄여야 합니다. 반대로 투자 목적의 수익형이라면 대출을 최대한 많이 받는 투자 전략을 세워야 합니다. 경우에 따라 달라지는 투자 패턴을 이해해야 합니다."

"그렇군요. 잘 알겠습니다."

"지금 아파트의 투자 수익률에는 만족하시나요?"

"수익률은 약 3퍼센트 정도인데, 처음에는 월급 이외의 돈이 통장에 들어오니까 정말 기분이 좋더라고요. 근데 시간이 지나니까 3퍼센트 수익률이 적다는 생각도 들고, 아파트 가격이 더는 올라가기 힘들 것 같은 분위기여서 어떻게 해야 하나 고민 중입니다."

"처음 투자에 입문했을 때는 이렇게 소형 주택 위주의 안전 자산으로 투자를 하는 게 맞습니다. 그만큼 위험을 줄일 수 있고 경험을 쌓는 면에서 적극 추천해드립니다. 매달 월세를 받는 기분을 느껴봐야만 수익형 부동산의 위력을 알 수 있습니다. 요즘은 은행 앱을 깔면 통장에 입출금 시 핸드폰으로 알람 서비스를 무료로 해줍니다. 띵동띵동 돈 들어오는 알람 소리가 삶의 활력을 주는 데 도움이 됩니다."

"대표님 말씀에 전적으로 동감합니다. 한 달 두 달 쌓이는 돈을 보면서 그동안 투자를 위해 뛰어다닌 것이 정말 잘했구나 싶은 생각이 듭니다. 그때 미적거리고 결정을 내리지 않았다면 부동산 재테크는 남의 일이 될 뻔했습니다."

"좋은 타이밍에 잘 투자하셨습니다. 투자는 타이밍입니다. 처음 입문을 잘하셨네요."

"네, 그래서 이제 아파트 말고 월세 받는 수익형 부동산으로 시선을 돌려볼까 합니다."

"잘하실 거 같은데요. 그 어두운 장에 들어가신 거 보면 부자 DNA가 있습니다."

"부자 DNA요?"

"네, 부자 DNA요. 상담을 하다 보면 그런 것들이 보입니다."

"칭찬이죠? 하하하!"

"잘 아시겠지만 수익형 부동산은 종잣돈이 있어야 합니다. 얼마나 준비되셨나요?"

"현금이 한 3000만 원 정도 있습니다. 수익률 높은 것이 있으면 기존 아파트를 매각하든지 해서 자금을 만들 생각도 있습니다."

"어떤 업무를 하시나요?"

"손해사정인 일을 하고 있습니다."

"그럼 자격증이 있겠네요?"

"그럼요. 자격증이 있습니다."

"잘됐네요. 자격증으로 신용대출이 가능할 것입니다. 주거래 은행에 확인해보세요. 그리고 보험이나 펀드 드신 거 있으면 개인 재무제표 정리해서 다시 한 번 상담하시죠. 그래야 어느 정도 금액대로 투자할지 계획을 세울 수 있습니다."

"자격증으로 신용대출을 받는다고요? 학교 다닐 때 필요도 없는 자격증을 따야 하나 고민하다가 따놓은 건데 자격증으로 대출이 된다면 정말 좋을 것 같네요. 제가 준비한 자금보다 더 많은 금액을 확보할 수 있으니 투자 물건도 폭넓게 볼 수 있겠고요."

"그렇습니다. 일반 직장인들이나 대다수 분들의 여유 자금은 뻔합니다. 저축을 통해서 종잣돈을 만들려면 시간과 노력이 많이 필요합니다. 하지만 신용이나 자산의 이동으로 종잣돈을 만들어 투자금으로 잘 활용한다면 남들보다 노후 준비를 수월하게 할 수 있습니다."

이렇게 상담은 시작되었다. 이분은 30대 중반으로 아직 아이가 유치원에 다니는 젊은 신세대 아빠였다. 개인 재무 상담까지 마치고 준비한 자금은 1억 8000만 원이었다. 회사에서 5000만 원을 대출받고 자격증으로 1억 원의 신용대출을 받았다. 본인이 준비한 3000만 원의 5배에 달하는 투자금을 추가로 만들었다.

물건에 따라서 투자 자금을 충당하기로 계획을 세우고 물건을 알아보았다. 상담을 하고 투자를 하다 보면 부자 DNA도 보이지만 타이밍이 잘 맞는 분들도 볼 수 있다. 이분 역시 그런 분 중에 한 분이다. 물건을 찾으면 물건이 섭외됐고 자금도 딱딱 맞춰졌다. 어찌 돈을 벌지 못하겠는가!

총 2억 원의 자금으로 공실인 상가 3개를 매입하여 인테리어 공사를 시작했다. 공사를 하는 동안 임차인이 계약을 마쳐서 공실 없이 바로 입주했고 투자 금액도 빠르게 회수했다.

기존 아파트로 자산 가치 5억 원에서 시작한 수익형 부동산 투자는 현재 자산 가치 20억 원으로 늘었다. 월세 수익도 기존 120만 원에서 600만 원으로 다섯 배 늘었다. 연봉이 두 배 이상 늘어나 억대 연봉에 합류했다. 지금은 우리 연구소의 연구원으로 온 가족이 활동하는 모범적인 경우다.

이분은 30대 중반에 노후 준비를 끝내고 새로운 인생을 준비하고 있다. 직장 생활이 언제 끝날지 모르는 시대인지라 꾸준한 자기계발을 통해서 10년 후, 아니 20년 후에 닥칠지 모르는 위험에 대처해야 한다.

매입 금액 : 11억 3500만 원

대출 금액 : 10억 원

보증금 및 월세 : 6000만 원 / 600만 원

대출 이자 : 230만 원

이자 공제 후 수익 : 370만 원, 연 4440만 원

실투자 금액 : 1억 3500만 원

수익률 : 32퍼센트

40대 워킹맘, 월세 받아 자녀 유학 보낸 사연

"대표님, 안녕하세요? 저는 40대 워킹맘입니다. 딸아이가 하나 있는데 미국으로 유학을 보내달라고 해서 걱정입니다. 직장 생활만으로는 비용을 감당하기 힘들어 수익형 부동산으로 비용을 만들어보고자 상담합니다."

"안녕하세요, 반갑습니다. 딸아이가 참으로 당차네요. 부모가 가라는 것도 아니고 본인이 먼저 가겠다고 하니 자립심이 강한 아이인가 봅니다. 어느 정도 월세를 원하나요?"

"월세로 1000만 원 받는 게 소원이고, 그렇게 되면 10년 후에는 회사를 그만두고 싶어요."

"확실한 목표를 정해두셨네요. 월세 1000만 원을 직장 다니면서 벌려면 10년은 보셔야 할 겁니다. 종잣돈이 준비되어 있다면 시간을 앞당

길 수 있겠지만, 그렇지 않다면 종잣돈을 모으는 기간과 투자해서 번 돈을 모으는 시간이 필요합니다. 그러니 종잣돈도 필요하고, 더 중요한 것은 꾸준한 관심과 지속적인 투자를 해야 합니다. 그럴 마음의 준비는 되셨나요?"

"해보지 않은 일이라 겁나고 걱정도 되네요. 대표님이 많이 도와주시면 열심히 따라가겠습니다."

"알겠습니다. 먼저 연봉은 얼마나 되세요?"

"5000만 원 정도예요."

"거주는 자가인가요, 아니면 전세인가요?"

"전세 2억 5000만 원에 있습니다."

"직장은 얼마나 다니셨어요?"

"벌써 20년이 다 되어가네요."

"부동산 투자 경험은 전혀 없으시고요?"

"네, 직장만 다녔지 아무것도 모르는 생초보입니다."

"여유 자금은 어느 정도 준비되었나요?"

"5000만 원 정도 있습니다."

"상담을 하다 보면 보통 본인의 신용으로 5000만 원에서 1억 원 정도의 금액을 깔고 살아갑니다."

"그게 무슨 말씀이죠? 신용으로 돈을 깔고 살아간다니요?"

"재테크는 종잣돈이 있어야 합니다. 종잣돈 모으기가 투자 수익을 얻는 것보다 어렵습니다. 종잣돈을 모으는 가장 좋은 방법은 있는 돈을 가지고 투자하는 겁니다."

"맞아요. 저도 종잣돈이 너무 적어서 걱정이네요."

"이렇게 이야기하면 돈이 적어서 걱정이라는 이야기를 하는데요, 보통 직장에 다니는 분들은 은행에서 마이너스 통장으로 많게는 월급의 120퍼센트까지 대출을 받습니다. 요즘 마이너스 통장 금리도 많이 떨어져서 3퍼센트 정도면 충분히 받을 수 있습니다."

"마이너스 통장은 사용하지 않는데요. 이자가 비싸다고 해서 아직까지는 생각 안 해봤어요."

"이런 자금을 활용할 수 있어야 합니다. 그동안 은행에 수수료와 이자만 내고 아무 혜택을 받지 못했다면 이제부터라도 은행권을 잘 활용하시기 바랍니다. 월급 이체 은행에 가셔서 신용으로 마이너스 통장 대출금을 얼마까지 받을 수 있는지 알아보세요."

"네, 알겠어요."

"두 번째는 퇴직금 중간 정산입니다."

"퇴직금이 중간 정산되나요?"

"가능한 조건들이 있습니다. 총무과에 문의해서 주택 자금으로 퇴직금 중간 정산이 가능한지 확인해보세요. 회사마다 규정이 조금씩 달라 확인해봐야 합니다. 이게 가능하다면 이 비용으로 소형 주택에 투자하는 방법이 있습니다."

"아, 그런 방법이 있군요."

"세 번째는 살고 있는 집을 활용하는 방법입니다. 지금 살고 있는 집의 똑같은 규모로 월세나 전세 자금 대출을 알아보세요."

"월세요? 월세를 어떻게 감당하고 살아요. 아까워서 그렇게는 못살 거 같은데요."

"보통 그리들 생각하죠. 잘 들어보세요. 지금 살고 있는 집을 빼서 월세로 간다고 가정해보죠. 전세 2억 5000만 원이니까 보증금 5000만 원에 월세 50~80만 원 정도로 이사한다고 가정해보고, 보증금을 제외한 나머지 금액 2억 원으로 수익형 부동산에 투자해서 12퍼센트대의 수익을 올린다면 매달 200만 원의 수익으로 월세를 지불하고도 120~150만 원의 추가 수익이 발행합니다."

"그게 가능한가요?"

"이렇게 가지고 있는 재산이나 신용으로 종잣돈을 만들어 수익형 부동산에 투자하는 겁니다. 여유 자금이 많아서 사고 싶은 부동산을 마음껏 사서 수익형으로 투자할 수 있다면 얼마나 좋겠습니까. 하지만 그렇게 할 수 있는 사람은 그리 많지 않습니다. 많은 분들이 종잣돈을 만들기 위해서 적금과 펀드에 돈을 넣으며 몇 년을 기다립니다. 종잣돈 모으기가 더 힘들고 어렵습니다. 지금 말씀드린 방법으로 투자금을 만들어 수익형 부동산에 투자하면 훨씬 빠른 속도로 목표에 도달할 수 있습니다."

"일반인들이 이런 방법으로 투자를 할 수 있나요?"

"매우 공격적인 방법이기는 하지만 가장 현실적인 방법입니다. 전세가격은 폭등하다시피 올라가고 있습니다. 전세 물건은 선택의 여지가 없을 정도로 귀합니다. 그렇지만 월세는 내가 고를 수 있습니다. 물건이 넘쳐납니다. 생각의 전환이 필요합니다. 과감한 결단과 행동이 따라야 하죠."

"그럼 어떻게 시작하면 될까요?"

"제가 하라는 대로 할 마음의 준비가 되었다면 원하는 월세 1000만 원의 목표는 달성할 수 있습니다."

"그게 가능하다면 무슨 말씀이든 열심히 따라하겠습니다."

"본인의 재무제표를 작성해서 가져 오세요."

"재무제표요?"

"네, 어렵게 생각하지 마시고요. 본인이 가지고 있는 동산의 내역과 금액, 부동산의 내역과 금액을 쭉 나열해서 적어보세요. 은행의 적금이나 예금, 보험의 펀드나 연금 등도 다 적어보세요. 본인의 자산이 되는 것들입니다. 자산을 정리한 다음에는 부채를 적어보세요. 대출이나 기타 부채를 적어보고, 매월 들어오는 월세나 월급 등 수입과 매달 고정으로 나가는 지출 비용 등을 정리해보는 시간이 필요합니다. 현재 내가 갖고 있는 자산 비율과 현금 비중, 한 달에 얼마를 벌어서 얼마를 쓰고 있는지 확인하고 준비하는 시간입니다."

"네, 알겠습니다. 잘 정리해서 가져오겠습니다."

"회사의 퇴직금 중간 정산 가능한 조건과 금액 알아보시고, 은행에 들러 마이너스 통장의 한도가 얼마인지도 알아보세요."

"다음에 만날 때 준비해 올 숙제가 많네요?"

"목표가 크니 해야 할 일도 당연히 많겠죠."

"그런가요?"

일주일 후 모든 준비를 해서 방문한 닉네임 김 여사님. 회사에서 내 집 마련을 위한 퇴직금 중간 정산으로 1억 원이 가능하다는 반가운 소식과 함께 8000만 원의 마이너스 통장까지, 종잣돈 5000만 원과 함께 총 2억 3000만 원의 투자 금액이 생겼다.

내 집 마련을 위해 첫 번째로 선택한 물건은 재개발 지역의 빌라였다. 아현동에 위치한 물건은 대지 지분 8평짜리 24평 아파트 입주가 가능한 구형 빌라였다. 회사에 묻혀 있는 퇴직금을 활용해서 생애 첫 내 집 마련을 하게 되었다.

재개발 지역의 빌라로 사업 시행 인가가 확정된 지역이었다. 매입 시점에서 6개월 이후에 관리 처분 인가를 준비하는 지역이라 수익률 비교 시 수익형 부동산과 차이가 없는 좋은 물건이었다. 과감한 결단력으로 첫 투자를 완성하게 되었다.

그리고 얼마 지나지 않아 수익형 부동산으로 적합한 물건이 나왔다. 하지만 10억 원이 넘는 물건이라 고민에 빠졌다. 다른 연구원들에게 이 상황을 설명하고 연구원들과 함께 방법을 만들어 나갔다. 그렇게 내린 결론이 공동 투자였다. 각자 본인의 자금 사정에 맞게 비율대로 투자금을 정하고 업무 분담을 통해서 새로운 경험에 동참했다. 한 명은 은행 대출을 통해 잔금을 치르는 금융 관련 업무를 맡았고, 다른 한 명은 인테리어 공사를 통해 한 걸음 더 배워 나갔다. 각자의 임무를 다하며 땀 흘린 끝에 임차인을 맞추기까지 3개월의 시간이 흘렀다.

배당은 매달 투자 금액의 비율대로 받고 있다. 현금 흐름의 중요성을 강조한 투자였다. 한국NPL투자연구소에서는 공동 투자를 하지 않는다. 다만 자발적으로 개인들의 친분이 있는 경우에 한해서만 진행한다. 상가에 투자한 이번 물건은 수익률이 22퍼센트다. 이렇게 받는 김 여사의 배당 금액이 매달 150만 원이다. 그렇게 두 번째 투자가 이루어졌다.

두 번의 투자로 손맛을 본 김 여사님이 다시 상담 신청을 해왔다. 일차 목표가 달성되고 평온을 이어가던 어느 날이었다.

"대표님, 투자 금액이 없네요. 어떻게 할까요? 전셋집을 빼서 월세로 옮기는 방법 말고는 없을 거 같은데요?"

당돌하고 당찬 발언이었다. 하지만 방법은 이것밖에 없었다. 내 말을 믿고 따라준 것이 고맙기도 하고 열심히 노력해서 수익을 올려 기특하기도 했다. 그렇게 전세 자금을 빼고 월세로 옮겼다.

2억 원의 종잣돈을 마련했다. 또 그렇게 투자 물건을 찾아다녔고 세 번째 투자는 단독으로 진행한 수익형 부동산이었다. 양천구에 있는 단지 내 상가로 월세 300만 원을 받을 수 있었다. 이번에도 인테리어 공사 중에 임차 계약이 되어서 공실 없이 바로 진행했다.

네 번째 투자는 속전속결로 끝났다. 다른 계약자의 개인 사정으로 진행하기 힘든 물건을 그 자리에서 듣고 인수하였다. 이번 물건도 수익형 부동산으로 월세가 200만 원 나오는 알짜 물건이었다.

이 모든 것이 1년 6개월 만에 일어난 일이다. 전세 2억 5000만 원과 종잣돈 5000만 원이 전부였던 워킹맘 김 여사는 1년 6개월 만에 6억 원대의 24평 아파트 입주권과 배당, 월세 650만 원, 17억 원 자산의 주인공이 되었다. 연봉을 넘어선 수익을 올리고 있다.

"대표님, 1년 전 대표님이 하신 말씀이 떠올라요. 월세가 연봉을 뛰어넘으면 직장에서 아무리 힘들어도 웃으며 넘어갈 수 있을 거라는 말씀이요. 요즘 회사에서 정신적으로 스트레스 너무 많이 받아서 쓰러질 지경이거든요. 그런데 그때 했던 대표님 이야기를 생각하면서 웃으며 참아요. 그까짓 직장 생활이 뭐라고 스트레스야! 이렇게 생각하니 마음이 한결 편해지더라고요."

1년 동안 열심히 수업에 빠지지 않고 현장 학습을 다니며 감각을 익히고 부지런히 활동한 결과다. 방학 때 한국에 들어온 김 여사의 딸아이가 이런 말을 했단다.

"엄마는 임 대표를 만난 게 큰 복인 줄 알아. 임 대표한테 수업을 듣고 투자를 결심한 게 인생에서 가장 좋은 선택이었어."

이런 말을 들을 때마다 더 열심히 해야겠다는 생각이 든다.

종전 자산 : 전세 2억 5000만 원, 종잣돈 5000만 원,
퇴직금 중간 정산 1억 원, 마이너스 통장 8000만 원

현재 자산 : 6억 원 대 24평 아파트 입주권, 월세 650만 원,
총자산 17억 원

기존 자산을 활용해 종잣돈 5000만 원으로 1년 6개월 사이에 네 배의 자산 증식을 거두었다.

인테리어 사장님, 부동산 자산을 리모델링하다

어느 날 거래처 인테리어 사장님이 상담 신청을 의뢰했다. 한국NPL 연구소 관련 인테리어를 해주는 '공간 디자인' 사장님이다.

"제가 사무실을 갖고 있는데 5억 5000만 원 정도 시세가 나가요. 이걸 활용해서 종잣돈을 만들고 사장님처럼 수익형 부동산에 투자해보고 싶은데 저 같은 노가다가 이런 것을 할 수 있을지 걱정스럽네요. 사장님 조언을 듣고 싶어서 찾아왔습니다."

"잘 오셨어요. 이렇게 상담을 하게 될 줄은 생각도 못했네요. 잘 오셨습니다. 지금 사용 중인 사무실은 대출이 없나요?

"네, 거기는 오래전에 분양받아 사용하는 거라 대출은 없습니다. 그런데 사업도 예전처럼 잘되는 게 아니어서 고민이 많습니다. 사무실을 매각하고 작은 곳으로 이전할 생각도 있는데 어떻게 하는 게 좋을지 상담 좀 받아보려고 왔습니다."

"그럼 지금 쓰고 있는 사무실은 몇 평인가요?"

"지금은 50평이에요."

"사무실을 몇 평 정도 생각하나요?"

"30평 정도면 충분할 거 같은데요."

"종잣돈을 만들어야 합니다. 지금 사용하는 사무실은 매도하는 게 맞습니다. 사무실 매도 자금 5억 5000만 원 중 작은 평수의 임차 보증금으로 3000만 원이면 충분할 거 같네요. 나머지 차액 5억 2000만 원으로 수익형 부동산에 투자할 수 있습니다."

"네, 어떤 식으로 접근해야 할까요?"

"양재동에 가면 패스트파이브(www.fastfive.co.kr)라는 1~2인 사무공간을 공유하는 회사가 있습니다. 소규모 창업자들을 대상으로 목돈이 들어가는 사무실 비용을 최소화해서 자금 부담을 줄이고 손쉽게 창업하는 문화를 만들어놓은 새로운 개념의 오피스 공간이에요. 이곳은 기존의 사무실 임대에서 한 차원 진화한 사무실 공유 콘셉트로 만들었어요. 이곳에서 약간 변형된 형태의 섹션 오피스로 접근해보면 좋겠네요. 사무실을 큰 평수로 구입하고, 공사야 사장님이 직접 하시니까 원가로 할 수 있고요. 자료를 보내드릴 테니 한번 보시고 직접 방문해서 분위기를 살펴보면 좋겠네요."

"감사합니다. 보고 와서 다시 상담하겠습니다."

"네, 그러세요. 결정하시는 데 도움이 될 자료를 준비해서 다음에 만날 때 말씀드릴게요."

그렇게 일주일이 흘렀다.

"가서 보니 어떠세요?"

"네, 아주 마음에 들던데요. 전문적인 지식은 없어서 모르겠지만 분위기나 사업 아이템은 많은 도움이 되었습니다."

"제가 준비한 자료예요. 100평 정도 전용으로 사무실을 구입하고 소형 사무실로 임차인을 맞추면 되겠어요. 임차 수요가 풍부하고 공실 위험이 없는 지역으로 선택한다면 수익률도 높고 지금 있는 자산의 이동으로 충분한 노후 준비가 가능합니다."

"감사합니다. 나머지는 사장님한테 맡기고 저는 사무실 처분과 공사 준비만 신경 쓰겠습니다."

"알겠습니다. 사무실 정리되는 스케줄 나오면 알려주세요. 그 시점에 맞춰 준비할게요."

얼마 후 기존 사무실을 매도했고 새로운 물건을 찾아 계약하고 인테리어 공사를 진행했다. 이분은 내가 투자하는 곳마다 인테리어 공사를 하고, 연구원들이 매입한 물건의 공사 현장을 계속 지켜볼 수 있었다. 사업을 하는 분이라 돈의 흐름을 빨리 파악하고 행동으로 옮긴 것이 좋은 결과를 가져왔다. 숨어 있던 자산을 수익형 부동산으로 이동하여 새로운 수익을 창출하였다. 대출을 활용한 이번 투자는 실투자 금액 1억 6000만 원으로 월세 800만 원을 받게 되었다. 저금리 시대에 확실한 노후 준비를 한 것이다.

환갑을 앞둔 김 사장님은 새로운 도전을 준비 중이다. 스마트 IT 인테리어라는 새로운 개념으로 또 다른 변신을 준비하고 있다. 끊임없는 변신만이 치열한 경쟁에서 살아남는 방법이다. 내 주변에는 경제적 자유를 찾아가는 분들이 점점 늘어나고 있다.

매입 금액 : 8억 원

대출 금액 : 6억 4000만 원

실투자 금액 : 1억 6000만 원

월 이자 : 160만 원

월세 : 800만 원

월 이자 공제 후 임대 수익 : 640만 원

수익률 : 48퍼센트

COLUMN

부자를 따라 하면 부자가 된다!

2016년 2월 말 전역을 했다. 20년 동안 경리 장교로 근무했지만 재테크와는 거리가 멀었다. 제대 후 자산은 2억 원 남짓이었다. 서울 아파트 평균 전세 값도 안 되는 돈이었다. 하지만 나는 지금 일하지 않아도 월 600만 원의 수입이 발생하는 시스템을 구축했다. 임정택 대표를 만나고 일어난 일이다. 월 600만 원은 크지 않은 금액이다. 그러나 나는 이 금액이 매년 커질 것을 확신한다. 왜냐하면 그 비밀을 알아버렸으니까!

전역을 몇 달 앞둔 2015년 5월, 지인의 소개로 임정택 대표를 처음 만났다. 그의 부실채권 수업을 들었고 내용은 그리 어렵지 않았다. 매주 토요일마다 부동산에 대한 지식을 쌓고 임장도 하면서 세상 돌아가는 이야기를 나누었다. 마치 동호회 모임 같은 편안한 분위기였다. 지금은 먼 친척보다 훨씬 따뜻하고 끈끈한 사이가 되었다.

수업이 진행될수록 투자하는 사람들이 한두 명씩 나타났다. 그들은 결단이 매우 빨랐다. 그렇게 투자를 하는 연구원들이 조금씩 늘어났다. 내게 부동산 투자는 쉬운 일이 아니었다. 오랫동안 보수적이고 안정적인 삶을 추구한 영향이 컸다. 그렇게 고민을 거듭하는 사이 투자자들이 계속 늘어났다. 어느새 나는 그들을 부러워하고 있었다. 시간이 흐르면서 내 마음에도 조금씩 확신이 싹트고 있었다.

그러다가 임 대표에게서 좋은 물건이 매물로 나왔다는 연락을 받았다. 이미 검증된 물건, 검증된 방법이라는 믿음이 있던 터라 물건을 보지도 않은 채 선금을 입금했다. 계약, 대출 진행, 잔금 납부, 구조 변경까지 원활하게 이뤄졌고, 수익성을 따져보니 20퍼센트가 넘었다. 5000만 원을 투자했는데 월 90만 원 정도의 수익이 발생했다.

나는 부동산을 잘 모른다. 그런데도 계약을 주저하지 않은 까닭은 임 대표를 믿었고, 또 이미 많은 연구원들이 수익을 내는 것을 직접 확인했기 때문이다. 그리고 나의 부족한 부분을 임 대표가 모조리 채워주었다. 그 덕분에 나는 생애 처음으로 부동산 소유주가 되었다.

전역하자마자 90만 원의 월세가 나오는 것은 내게 큰 힘이 되었다. 그러지 않았더라면 취업 준비로 정신없는 날들을 보내야 했을 것이다. 어쩌면 내가 원하지 않는 길을 가야 했을지도 모른다. 취업과 창업을 고민한 끝에 나는 사업의 길을 가기로 결정했다. 직장인들의 정년은 사실상 55세 전후다. 취업을 하더라도 길어야 10년이란 생각이 들었다. 55세 이후에는 누구든지 자기 일을 해야 한다는 결론에 도달했다. 지금 당장 돈이 안 되고 힘들더라도 내 일을 시작하는 것이 순리라고 생각한 것이다. 그 이면에는 90만 원의 월세가 든든한 버팀목이 되어주었다.

그 후 임 대표는 나의 첫 번째 스승이 되었다. 부자가 된 방법을 혼자만 알고 있지 않고 다 같이 잘살기 위해 서슴없이 공개하고 함께하려는 그의 가치관이 큰 울림을 주었다. 지금 나는 임 대표와 함께 일도 하고 있다. 올해부터 한국NPL투자연구소 이사로서 부실채권(NPL) 강의를 임 대표와 나누어 맡고 있다. 불과 1년 전에 배운 NPL을 내가 강사가 되어 가르치는 입장이 된 것이다.

지난 1년 동안 부동산 투자를 하면서 깨달은 것이 하나 있다. 그것은 부자들이 하는 대로 따라 하면 된다는 것이다. 좀 더 공부해서 충분히 이해한 뒤 투자하려는 사람들이 많다. 나름대로 위험을 줄이기 위한 길이라는 점을 이해하지만 애초부터 모든 것을 이해하고 투자하는 것은 불가능한 일이다. 민법만 하더라도 일반인들이 이해하기가 쉽지 않다.

투자를 잘하려면 배움의 한계를 정하고 나름대로 투자 원칙을 세워야 한다. 내가 터득한 원칙은 부자들이 하는 방법대로 투자하는 것이다. 그들이 이미 길을 닦아놓았기 때문에 그 길을 따라가기만 하면 된다. 이미 검증된 방법으로 여기저기서 월세 받는 사람들이 나타나는데 주저할 이유가 없는 것이다. 나는 이렇게 해서 남들보다는 빠른 시간에 큰 돈 들이지 않고 부동산 투자의 세계에 입문했다.

저성장, 저금리 시대다. 많은 사람들이 위기라고 말한다. 부동산 가격이 더 이상 오르지 않아서, 수익률이 떨어져서 위기라고 한다. 하지만 저금리 시대가 오히려 투자의 호기가 될 수 있다. 대출을 통해서 수익률을 높이는 레버리지(Leverage) 효과를 극대화할 수 있기 때문이다. 가난한 사람은 저축을 좋아하고 부자는 대출을 좋아한다고 한다. 성공적인 투자자가 되려면 대출이 위험하다는 고정관념을 과감히 버려야 한다. 감당할 수 있는 수준의 대출은 위험이 아니라 저금리 시대의 축복이다.

지난 1년을 돌아보면 참 많은 일들이 있었다. 모두 좋은 일들이다. 그래서 나는 참 운이 좋은 사람이라고 생각한다. 나의 새로운 목표는 자산을 15억 원으로 늘리고, 연봉 1억 원을 만드는 시스템을 구축하는 것이다. 목표라고 했지만 내게는 너무나 쉬운 일이다. 나를 도와주는 임 대표와 한국NPL투자연구소 연구원들이 언제나 나와 함께하기 때문이다!

김동욱, 한국NPL투자연구소 이사

Part 2

어떻게 하면 나도 부동산으로 돈 벌 수 있을까?

부동산 부자가 되려면 책과 신문을 끼고 살아라

기초 지식이 있어야 부동산 투자를 시작할 수 있다

상담을 해보면 현재 보유한 부동산에 대한 고민이 가장 많다. 주로 팔아야 할 것인지, 계속 보유해야 할 것인지에 대한 질문이다. 그러나 단순히 매각과 보유만을 논할 수는 없다. 같은 부동산이라도 상황에 따라서 팔아야 하는 경우가 있고, 계속 보유해야 하는 경우도 있기 때문이다.

그러나 상황은 본인들이 더 잘 안다. 전문가와 상담을 하는 까닭은 불확실한 미래에 대한 해답을 찾기 위해서다. 여기서 중요한 것은 스스로 부동산에 대한 기본 지식이 어느 정도는 있어야 하는 점이다. 이것은 내가 가장 중시하는 부분 가운데 하나다.

강의나 세미나에서 항상 하는 말이 있다.

"기초 체력을 쌓아야 돈을 벌 수 있다."

여기서 말하는 기초 체력이라는 것은 금융 지식이기도 하고 부동산 지식이기도 하다. 성공한 부자들은 부를 만들어가는 것도 중시하지만 가지고 있는 부를 지키는 방법을 더 많이 고민한다. 복권에 당첨된 사람이 몇 년 후에 다시 무일푼의 생활로 돌아갔다는 기사를 많이 볼 수 있다. 갑자기 훅 들어온 돈은 머무는 시간도 짧아 훅 나가버린다. 천천히 오랜 시간 들어온 돈은 머무는 시간도 길다. 이 말은 돈을 벌 줄 앎과 동시에 번 돈을 관리할 수 있어야 진정한 부자가 될 수 있다는 뜻이다.

신문을 통해 국내와 국제 시장의 경제 흐름을 읽어라

돈이 그렇다. 많이 벌어서 부자가 아니다. 올바른 돈에 대한 가치관을 가지고 있어야 부자다. 그럼 우리는 어떻게 하면 부동산으로 돈을 벌 수 있을까? 방법은 간단하다. 첫 번째로 경제 신문을 읽기를 권한다. 신문은 1만 5000원으로 세상의 모든 정보를 공유한다. 신문을 통해서 국제 시장의 변화, 국내 시장의 흐름, 부동산 정책 변동 사항, 개발 지역 등을 알 수 있다.

나는 경제 신문 두 종류와 일반 신문 한 종류를 구독한다. 부동산 공부를 시작하면서 만든 첫 번째 습관이다. 한국 부동산은 외부 요인에 따라 시장이 출렁거린다. 부동산 정책의 변화에 따라 시장이 좋아지기도 하고 급격히 나빠지기도 한다. 이러한 변화를 정책권자의 말을 통해서나 정부의 발표에 의해서 알 수 있다. 대통령, 한국은행 총재, 기획재정부 장관, 국토교통부 장관, 서울시장 등 지자체장들의 말에 귀를 기울여야 한다. 개발 지역 발표에 따라 향후 부동산 가격이 오르거나 내릴 수 있기 때문이다.

국제 시장의 변화도 눈여겨보아야 한다. 미국에서 금리를 인상하면 한국 금리도 따라 올라갈 확률이 매우 높다. 부동산은 금리의 영향을 많이 받는다. 올해 금리가 오른다 해도 어쨌든 지금처럼 저금리일 때가 투자 타이밍이다. 은행 대출 이자가 매우 낮아 대출을 활용한 투자가 적극적으로 이루어지고 있다. 이런 기회를 놓치면 안 된다. 반대로 금리가 오르면 대출 이자 부담으로 부동산 매입이 소극적일 수밖에 없다. 실수요자가 대출을 끼고 주택을 구입하면 매달 들어가는 이자 부담이 높아지므로 매입을 꺼리게 된다.

이렇게 국제 시장의 변화로 시작된 금융 시장의 변화나 국제적 큰 이슈들이 차후에 어떤 영향이 있는지에 대한 분석 자료들을 찾아서 읽고 변화를 준비해야 한다. 경제 전문가가 아니므로 전체적인 경기 흐름을 이해하는 차원에서 관심을 두고 꾸준히 공부해야 한다.

자료를 통해 접한 정보를 현장을 찾아가 직접 확인하라

두 번째는 이렇게 알게 된 내용을 메모하고 스크랩을 하면서 자료를 모아 놓는 노력이 필요하다. 쌓이는 자료만큼 공부해야 할 내용과 지역이 많아진다. 개발 정책이 발표된 지역은 시간을 내어 다녀와야 한다. 그 지역에 투자를 하고 안 하고는 별개의 문제다. 개발 이슈가 있는 지역을 직접 가보자. 발표가 나온 직후의 모습과 개발을 진행하는 모습, 개발이 끝났을 때의 모습을 기억해야 도시 개발을 어떻게 진행하는지 그 과정을 알 수 있다.

그렇게 발로 뛰어다녀야 안목이 높아지고 부동산을 바라보는 시야도 넓어진다. 가서 무언가를 하라는 것이 아니다. 그냥 가서 밥을 먹고 차를 마시며 변화의 기운을 느껴야 한다. 변화의 기운을 느끼려면 부동산에 대한 관심이 있어야 가능하다. 관심을 지니고 현장에 가서 돌아다니면 현재의 모습과 개발이 진행되면서 변해가는 모습을 알 수 있다. 개발 이슈가 있는 지역을 찾아가면 활기가 넘친다. 현장에 직접 나가 좋은 기운을 받아보자.

투자 안목을 키우는 데는 책만 한 것이 없다

세 번째로 부동산 관련 책들을 많이 읽어보자. 책을 쓰는 사람은 많은 시간과 노력을 들여 한 권의 책을 만든다. 그들이 가진 경험, 지식, 노하우가 한 권의 책에 녹아 있다. 내가 직접 발로 뛰어서 알아내기에는 시간이 오래 걸린다. 좋은 책은 큰 힘이 되고, 지식이 되며, 길잡이가 되고, 멘토가 된다. 한 분야를 이해하기 위해서 그 분야의 책을 열 권 정도 읽어보면 감이 온다.

부동산 재테크 공부는 학교에서 하는 공부와는 다르다. 외우고 암기하고 시험 보는 그런 방식으로는 돈을 벌 수 없다. 부동산은 큰 흐름을 이해하고 현장에 나가 재빨리 가격의 변화를 반영해야 돈을 벌 수 있다. 이론적인 내용은 책이나 강의를 통해 습득할 수 있지만 가격의 변화는 현장을 통해서만 알 수 있다. 가격의 변화를 알고 대응하기 위해서 기본적인 이론과 흐름을 이해할 수 있는 안목이 필요한데, 이것을 위해서는 책만큼 좋은 것이 없다.

많은 분들이 부동산 관련 책 읽기를 공부로 받아들이고 힘들어 하기도 한다. 그렇지만 책 읽기를 통해서 다양한 시각으로 세상을 바라볼 수 있는 간접 경험을 할 수 있고 나만의 투자 철학을 만들어갈 수 있다. 나도 부동산 시장에 늦게 뛰어들었지만 남들보다 빠르게 적응하고 성공할 수 있었던 까닭은 다양한 책 읽기가 뒷받침해주었기 때문이다. 처음에는 쉽고 편한 책부터 읽기를 권한다. 부동산 관련 책이 아니어도 좋다. 본인 수준에 맞는 책을 읽어야 도움이 된다. 공부로 받아들이지 말고 인생을 바꾸는 방법이라 생각하기 바란다.

익숙한 것과 멀어지고 새로운 것과 친해지자

부자가 되고 싶은가? 신문을 읽고 메모하고 책을 읽으며 새로운 세계에 눈을 뜨기 바란다. 작은 습관이 여러분의 미래를 바꿀 것이다. 기존에 했던 대로 살아가는 방식으로는 지금의 수준을 벗어나지 못한다. 옛날의 방식을 모두 버리고 해보지 않은 새로운 방식으로 살아보기 바란다.

사람은 누구나 익숙한 것에 편안함을 느끼고 안정감을 갖는다. 그렇지만 지금의 편안함이 행복한 노후를 만들어주지는 않는다. 혁신까지는 아니더라도 지금까지 지녀왔던 삶의 방식을 하나씩 바꾸어가는 연습이 필요하다. '익숙한 것과 멀어지기, 새로운 것과 친해지기' 훈련을 통해서 부동산 부자를 꿈꿔보길 바란다.

기준부터 세우고 투자를 시작하라

지금 살고 있는 지역의 시세부터 파악하라

부동산 투자를 하려면 투자할 물건 가격에 대한 기준을 잡아야 한다. 아파트면 아파트, 빌라면 빌라, 상가면 상가에 투자하려는 물건의 가격 기준이 있어야 비싸고 싼지 느낌이 올 것이다.

예를 들어 좋아하는 맛집이 있다고 가정해보자. 맛있다고 생각하는 기준은 여러 맛집을 가본 다음에 잡을 수 있다. 평양냉면을 처음 먹어본 사람은 맛이 없다고 할 것이다. 담백한 재료의 맛을 살린 평양냉면이 흔히 맛볼 수 있는 함흥냉면과는 맛이 다르기 때문이다. 그래서 필요한 것은 기준이 될 만한 물건을 선정해 가격을 알아보아야 한다. 가장 편하게 할 수 있는 방법은 현재 살고 있는 지역부터 가격 조사를 시작해보는 것이다.

아파트 시세 조사하는 방법

가장 먼저 지금 살고 있는 지역의 부동산 시세를 파악하는 게 첫 번째 일이다. 우선 살고 있는 지역의 신규 아파트 분양가를 조사한다. 평당 분양가가 얼마인지를 조사해서 신규 분양 시장의 상황을 가늠해본다. 신규 아파트 시세 조사가 끝나면 입주가 10년 정도 지난 아파트의 매매가를 알아본다.

이렇게 신규 분양 아파트와 기존 아파트와의 가격 차이를 비교하며 매매가를 알아보고, 전세 가격과 월세 가격도 알아본다. 전월세 가격이 어떻게 형성되어 있는지는 수익률을 분석하는 중요한 자료이므로 철저히 조사하는 습관을 들여야 한다.

빌라 시세 조사하는 방법

아파트 가격을 알아보았다면 이번에는 빌라 가격을 알아보자. 거리를 둘러보면 신규 분양 빌라 광고를 많이 볼 수 있다. 전단지에 붙어 있는 가격을 보고 1룸, 2룸, 3룸 실사용 면적에 따라 조사를 하고, 이번에는 5년에서 10년 사이에 지은 동일 평형의 구형 빌라 가격을 조사한다. 역시 전세 가격과 월세 가격을 함께 알아본다.

단독 주택 시세 조사하는 방법

이번엔 단독 주택의 가격을 알아본다. 요즘은 신축 단독 주택이 거의 없다. 오래된 단독 주택들이 매물로 나오므로 건물 가격은 거의 없고 대지 가격만 형성되어 있다고 보면 된다. 단독 주택은 1종, 2종, 3종 주거 지역에 따라 건물을 새로 지을 때 수익률이 달라지므로 가격 차이가 많이 난다. 보통 2종 주거 지역에 신축 빌라를 많이 짓는다. 따라서 2종 주거 지역의 매매 가격을 기준으로 삼는 것이 좋다.

종류 / 가격	아파트	빌라	단독 주택
분양가	신규 분양 없음	신축 2룸 : 2억 1000만 원	
매매가	24평, 5억 1000만 원		평당 2000만 원
전세가	3억 4000만 원	1억 5000만 원	
월세	3억 / 20만 원	5000만 원 / 50만 원	

주택 종류에 따른 시세 분석(2014년 기준, 서울시 광장동의 예)

이렇게 부동산 시장의 매매 가격, 전세 가격, 월세 가격의 기준을 잡아야 한다. 살고 있는 지역의 가격 기준을 바탕으로 점점 다른 지역으로 넓혀나가야 한다. 중요한 것은 부동산 가격의 기준을 세우고 다른 지역과의 차이를 알게 되었다면 수익률이 낮은 지역은 과감히 투자 대상에서 제외하는 것이다. 그렇게 하나씩 투자 대상 지역을 비교해가면서 어떤 지역이 가장 수익률이 높고, 투자 대상 지역으로 적합한지를 찾아내는 것이 중요하다. 관심 지역을 좁혀 집중과 선택을 통해 성공 확률을 높인다.

꼭 알아야 할 건축 용어, 건폐율과 용적률 TIP

건폐율과 용적률은 건축에 있어 가장 기본이 되는 규제 중 하나다. 건폐율의 수준에 따라 건축 가능한 대지의 면적이 달라지고, 용적률에 따라 건물 층고가 달라지기 때문이다.
건폐율은 토지 대비 건물이 차지할 수 있는 면적 비율이고, 용적율은 토지 대비 건물이 차지할 수 있는 총연면적의 비율이다. 주거지역은 제1종 전용 주거 지역, 제2종 전용 주거 지역, 제1종 일반 주거 지역, 제2종 일반 주거 지역, 제3종 일반 주거 지역, 준주거 지역으로 나눈다.
전용주거 지역은 기존에 형성된 양호한 주거 환경을 보전할 필요가 있는 지역, 도시 자연 공원이 연계된 지역 등을 대상으로 지정하고 원칙적으로 주간선도로에 접하여 지정하지 않아야 한다.
일반 주거 지역은 저층 주택, 중층 주택 및 고층 주택을 적절히 입지시켜 양호한 주거 환경을 보호하고 인근의 주거 및 근린생활시설 등과 조화를 이룰 필요가 있는 지역을 대상으로 지정한다.
준주거 지역은 주거 기능을 위주로 이를 지원하는 일부 상업 기능 및 업무 기능을 보완하기 위하여 필요한 지역을 말한다.
아래에 정리한 건폐율과 용적률은 '국토의 계획 및 이용에 관한 법률'에 규정된 것이다. 이 법률에서 규정한 건폐율과 용적률은 일종의 가이드라인이다. 실제 적용되는 건폐율과 용적률은 각 지자체의 '도시 계획 조례'에서 규정한 바를 따른다.

	건 폐 율	용 적 률
제1종 전용 주거 지역	50퍼센트 이하	50~100퍼센트
제2종 전용 주거 지역	50퍼센트 이하	100~150퍼센트
제1종 일반 주거 지역	60퍼센트 이하	100~200퍼센트
제2종 일반 주거 지역	60퍼센트 이하	150~250퍼센트
제3종 일반 주거 지역	50퍼센트 이하	200~300퍼센트
준주거 지역	70퍼센트 이하	200~500퍼센트

주거 지역의 건폐율과 용적률

출처 : 토지이용규제정보서비스

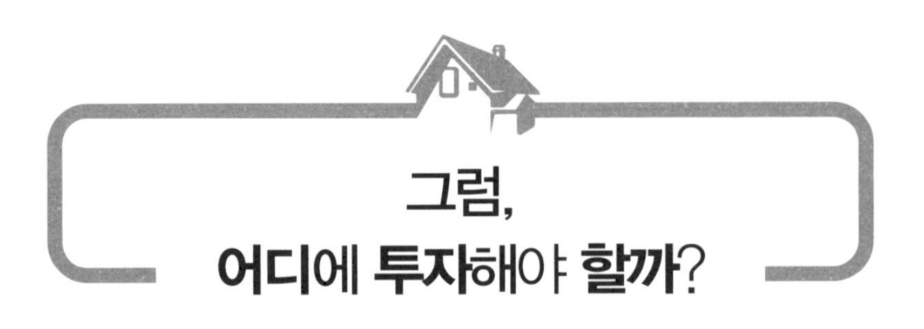

그럼, 어디에 투자해야 할까?

살고 싶은 지역이나 관심 있는 지역으로 아는 범위를 넓혀라

부동산 투자를 어디에 해야 하느냐는 물음에 대해 자신이 가장 잘 아는 지역부터 해야 한다는 대답을 많이 들었을 것이다. 그럼, 그런 지역이 얼마나 될까? 아마도 지금 살고 있거나 살았던 지역 말고는 자세히 아는 곳이 없을 것이다. 보통 사람들이 다 그렇다.

나 또한 다르지 않았다. 살고 있는 지역 말고는 관심도 없었고 알지도 못했다. 그렇지만 부동산을 공부하면서 달라졌다. 살고 있는 지역 이외의 다른 지역에 대한 정보도 필요했다. 어떤 지역이 오를 것인지, 어떤 지역에 투자해야 성공할 수 있을 것인지 등 궁금한 것이 너무 많았다.

'어디에 투자를 해야 하는가?'라는 물음에 대해 내가 내린 결론은 아는 지역에 투자하는 것이고, 이것은 공부를 통해 아는 지역을 넓혀가는 방법뿐이라는 점이었다. 아는 지역을 넓혀간다는 것은 투자 가능 지역이 늘어난다는 뜻이다.

그렇다면 어떻게 투자 가능 지역을 넓혀갈 것인가? 이에 대한 대답은 발품을 팔아 많은 현장을 다녀보는 것 말고는 다른 방법이 없다. 평소 관심을 지닌 지역부터 방문해보자. 관심 지역이 없다면 본인이 살고 싶은 지역으로 가보자. 지금 살고 있는 지역과 다른 지역을 방문해서 시세 조사를 해보는 게 중요하다.

부동산 투자를 하겠다고 마음먹었다면 발품은 기본이다. 가만히 앉아서 돈을 벌 수 있는 분야가 아니다. 많이 보고, 많이 듣고, 많은 정보가 있어야 성공할 수 있다. 살고 있는 지역에서 했던 시세 조사를 다른 지역에서도 똑같이 한다. 아파트 가격과 빌라 가격, 단독 주택 가격, 본인이 원하는 상가나 토지 등 관심 물건이 있으면 같이 조사한다.

시세 조사가 끝나면 두 지역의 가격 분석을 해야 한다. 내가 살고 있는 지역의 매매 가격과 전세 가격, 월세 가격과 새로 조사한 지역의 매매 가격, 전월세 가격의 차이가 어느 정도 나는지, 만약 가격 차이가 난다면 어떤 차이가 있는지를 분석해보자. 지하철 역세권과 어느 정도의 거리에 있고, 명문대학을 많이 보내는 학군이 있는지, 공원이 있는지, 호수가 있는지 등 여러 경우를 찾아보고, 가격이 비싸면 비싼 이유를 찾아야 한다. 전세가가 매매가 대비 얼마나 높은지도 중요한 투자 자료다.

미래 가치와 수익률을 따져보자

마지막으로 월세 시장의 분석이 중요하다. 수익형 부동산으로 투자할 때는 월세를 얼마나 받느냐가 관건이다. 월세 받은 금액을 1년치로 환산해서 총 투자 비용을 나누면 수익률이 된다. 수익형 부동산은 수익률이 중요하다. 기본적으로 수익률 계산을 해서 이 부동산에 투자할지 말지를 결정해야 하기 때문이다.

예를 들어 각기 다른 두 지역의 수익률을 분석해서 어느 한 지역의 수익률이 높게 나왔다면 수익률이 낮은 지역은 과감히 투자 목록에서 제외한다. 이렇게 수익률 분석까지 끝났다면 어느 지역이 투자 가치가 높은지를 분석해야 한다. 참고로 수익률만 높다고 투자 가치가 높은 것은 아니다. 수익률도 높고 투자 가치가 있는 곳을 발굴해 투자해야 한다.

같은 금액이라면 사람들이 많이 찾는 지역의 부동산에 투자해야 한다. 그러려면 이 같은 방법으로 비교할 수 있는 부동산 가격의 기준을 갖고 있어야 한다. 투자할 물건을 찾아다닐 때 어떤 지역은 수익률이 4퍼센트가 나온다면 다른 지역은 5퍼센트가 나올 수도 있다. 보통 수익형 부동산의 수익률은 3~6퍼센트 사이이다. 이는 대출을 받기 전 수익률이고, 지금은 저금리로 인해 수익률도 떨어져서 6퍼센트 대 수익률을 찾기가 어렵다. 따라서 대출을 활용해 10퍼센트 대 수익률이 나오는 물건이라면 과감히 투자해야 한다.

수익률의 기준은 같은 금액으로 향후 공실 없이 안정적인 투자 수익을 올릴 수 있는 물건이라야 한다. 지역을 먼저 선택하고 수익률 분석을 통해 물건의 종류를 좁혀가는 과정이 필요하다. 처음부터 이런 기준을 잡을 수는 없다. 운동장에 많은 사람들이 서 있을 때 우측 기준이라고 외치면 우측에 있는 사람을 기준으로 줄을 서듯이 부동산도 최초의 기준을 세워야 한다.

가장 편하게 본인이 살고 있는 지역부터 가격을 조사해서 최초 기준을 잡아보자. 살고 있는 지역의 가격 기준이 여러분이 알고 있는 부동산 가격의 기준이 되고, 지역의 기준이 되어야 한다. 그리고 지역을 조금씩 넓혀가면서 공실 없이 투자할 수 있는, 투자하기에 좋은 지역을 발굴해 나가자.

이렇게 기준을 세우고 나면 투자 가치가 높은 쪽으로 시선을 고정하고 기준에 미달하는 지역은 과감히 투자 대상에서 제외한다. 그런 다음에는 새로운 지역을 찾아다녀야 한다. 한 번 가보고는 지역 분석이 힘들면 두세 번 가보고 확실히 가격 조사를 해야 한다.

부동산의 가치는 미래 가치에 있으므로 단순히 수익률만 따져서는 안 된다. 미래 가치를 결정짓는 중요한 요인 가운데 하나는 일자리다. 일자리가 늘어나는 지역에 투자해야 한다. 일자리가 늘어난다는 것은 사람이 많이 모인다는 뜻이다. 부동산도 결국은 인구가 중요한 역할을 한다.

투자 지역 분석 포인트

TIP

다음 4가지는 투자 지역을 선택하는 가장 중요한 요소들이다. 명심하고 원칙으로 삼아 이를 어기는 일이 없어야 성공할 수 있다.

1. 개발 호재

사람이 모일 수 있는 지역이어야 한다. 역세권이 중요한 것은 역을 중심으로 사람이 많이 오가기 때문이다. 정부 개발 계획을 기본적인 투자 지역으로 삼아 투자해야 한다.

2. 역세권과의 거리

지하철역과 도보 10분 이내의 부동산에 집중한다. 가격이 비쌀 수 있지만 역세권이어야 공실 위험을 줄일 수 있다.

3. 학군

대학 진학률이 좋은 학교 주변은 가격이 흔들리지 않는다. 수요가 꾸준하고 소득 수준도 받쳐주므로 좋은 투자 지역이다.

4. 지역 인프라

공원, 강, 산, 호수, 병원, 마트, 극장 등 삶의 질을 높일 수 있는 공간이 있어야 한다.

부동산 투자는 발품이 성공의 반이다

대중교통을 이용해 현장 조사를 하면 생생한 정보를 얻을 수 있다

부동산에서 현장 조사 나가는 것을 임장(臨場, 어떤 일이나 문제가 일어난 현장에 나옴)이라 부른다. 임장은 부동산으로 수익을 올리는 데 가장 중요한 활동이다. 임장을 통해서 물건의 하자를 확인할 수 있고, 가격을 파악할 수 있으며, 부동산의 가치를 알 수 있다. 전화로 시세를 물어보고 현장을 안 가보는 경우를 종종 볼 수 있다. 진정한 고수가 되려면 그런 얄팍한 꼼수는 처음부터 쓰지 않기를 당부한다.

처음에 임장을 나가려면 무척이나 막막하다. 나도 처음 임장이 기억에 많이 남는다. 무척이나 추운 겨울이었다. 함께 경매와 부실채권 공부를 시작한 한 선배와 함께 방학동에 임장을 나가기로 약속했다. 무엇을 준비할지, 무엇을 보고 와야 할지 막막했다. 일단 경매 물건이 나와 있는

지 확인해보았다. 나와 있는 물건 중에 마음에 드는 물건을 골라 목록을 만들었다.

임장은 보통 오후 1시부터 시작했다. 오전에 부동산에 들러 이것저것 물어보는 것이 부담스럽기 때문이다. 점심시간 이후 한가한 시간에 물어봐야 자세히 상담할 수 있고 많은 정보를 얻을 수 있다. 현장 조사는 되도록 대중교통을 이용하도록 한다.

나는 부동산 투자를 시작하면서부터 대중교통을 이용하고 웬만한 거리는 걸어 다니는 습관을 만들었다. 지하철을 이용하면 물건이 있는 지역을 돌아보면서 주변의 변화를 느낄 수 있다. 버스를 이용하면 창밖으로 보이는 건물들과 간판들을 보면서 유행하는 업종과 브랜드, 상가의 인테리어, 건물 외관의 변화를 체험할 수 있다. 이렇게 보이지 않는 기초 체력을 쌓는 것이다.

물건 위주의 현장 조사는 지역 부동산 중개소를 이용하라

임장은 크게 두 가지로 나눌 수 있다. 첫 번째는 물건을 위주로 보는 것이다. 임장을 나갈 때 타깃이 되는 물건을 정해서 나간다. 경매나 부실채권에 투자할 때 이용하는 방법이다. 경매 물건 가운데 목록을 뽑아 현장에 나간 경우를 이야기한다. 물건을 위주로 한 임장의 가장 큰 특징은 물건의 상태를 정확히 알아보는 것이다.

물건의 상태를 정확히 알아보는 것은 지하철이나 버스 정류장에서부터 시작한다. 이를 통해 대중교통과 얼마나 떨어져 있는지 거리를 확인한다. 보통 투자 물건의 경우 대중교통, 특히 지하철역에서부터 걸어서 10분을 넘지 말아야 한다. 지하철에서 내려 버스를 타고 이동하는 물건은 투자 물건에서 제외한다.

물건지로 이동하면서 주위의 편의 시설이 얼마나 있는지 두리번거리며 걸어가보자. 대상 물건지에 도착해서는 외관상 건물에 문제가 있는지 찾아본다. 빌라는 복도나 계단에 누수 흔적이 있는지 꼼꼼히 살펴본다. 아파트는 주차 시설을 확인하고 세대수 등과 단지 내 편의 시설을 확인한다. 동네 슈퍼가 있다면 음료수 등을 사면서 자연스럽게 이야기를 나눠본다. 주변 상인들이 그 지역의 많은 내용을 알고 있다. 물건지 주변을 둘러보았으면 부동산 중개업소에 들러 시세 조사를 한다.

지역 위주의 임장은 개발 계획이 발표된 지역을 중심으로 하라

두 번째는 지역 위주의 임장이다. 신문에서 나온 개발 지역 등을 둘러보는 것이 지역 위주의 임장이다. 처음 부동산에 입문했다면 물건 임장보다 지역 임장을 해야 한다. 물건 임장은 지역 임장을 통해 투자 지역을 선정하고 나서 해도 늦지 않다. 처음부터 사지도 않을 물건을 조사하는 것은 맞지 않다.

처음에 임장을 나가면 모든 물건이 마음에 들고 다 사고 싶어진다. 새로운 지역을 방문해서 낯선 지역의 자연환경에 마음이 빼앗기고, 훌륭한 편의 시설에 가슴이 쿵쾅거리며 이 지역에서 살고 싶다는 욕망이 생긴다. 돈이 없어 물건을 못 사지, 살 물건이 없어 못 사는 게 아니다.

지역 임장은 개발 계획이 발표된 지역을 중심으로 해보자. 서울을 예로 든다면 용산역을 기준으로 삼각지를 지나 서울역까지 둘러보는 코스가 있을 것이다. 용산역을 끼고 우측으로 자리한 국제 업무 지구 지역을 돌아 효창운동장 방향으로 크게 돌아보는 코스도 있다. 용산역에서 한남동 재개발 지역으로 넘어가는 용산 공원을 지나가는 코스도 좋다. 이렇게 지역 임장 코스는 본인들이 만들어 다니는 것이다. 가보지 않았던 새로운 길을 가보고, 새로운 느낌과 새로운 사람들, 낯선 풍경과 색다른 느낌, 이런 것들이 기초 체력을 만들어주는 요소들이다.

책으로만, 글로만 공부해서는 알 수 없다. 부동산 투자는 현장에서만 알 수 있는 느낌들이 있다. 강의를 많이 하지만 강의하는 시간에 지식을 전달하는 것은 어렵지 않다. 한국 교육에 익숙한 성인들이기에 메모도 잘하고 요약 정리도 잘한다. 하지만 몸으로 체험하고, 현장에서 느끼고, 함께 공유하고 협업하는 교육이 익숙하지 않은 연령들은 처음에는 힘들어 한다. 부동산 투자는 책상에 앉아서 하는 공부가 아니다. 발품을 많이 팔아 얻은 정보로 새로운 수익을 만들어내는 것이다. 오늘 걷는 한 걸음 한 걸음이 부자로 가는 성공의 길이란 사실을 명심하길 바란다.

임장 시 핵심 포인트

TIP

1. 분석할 지역을 선택한다

임장 지역은 신문이나 매스컴에 발표된 개발 호재가 있는 곳부터 시작한다. 곧 개발이 진행되는 곳을 미리 가보고 왜 이곳을 개발해야만 하는지, 개발 계획을 잡은 이유를 느껴보자. 오래된 건물이 많아 재개발을 해야 하는 것인지, 새로운 도시 계획으로 다른 지역과 연계된 개발 계획인지는 보도 자료를 통해 알 수 있다. 정부에서 발표한 개발 계획('국토종합계획'이나 '서울시2030도시계획') 등을 참조한다. 인터넷 검색창에 '서울시2030도시계획'이라고 검색하면 본문 전체를 받아볼 수 있고 개발 계획과 지역이 발표되어 있어 참조하면 된다.

2. 지역 임장은 적어도 6개월에 한 번씩 한다

임장을 하려면 같은 지역을 최소 6개월에 한 번씩 돌아보아야 한다. 개발이 한창 진행되거나 이슈가 많다거나 본인의 관심 지역이라면 자주 가서 변화를 계속 확인하는 것이 좋다. 특히 투자까지 생각한다면 수시로 들락거려야 할 것이다. 부동산 중개인도 자주 찾아오고 연락하는 손님에게 좋은 물건을 제일 먼저 알려주게 되는 건 당연한 이치일 것이다.

또 개발 계획이 발표되어 개발 시작 전의 모습과 개발을 시작해 변해가는 모습을 보면서 도시 계획의 과정을 지켜볼 수 있는 좋은 기회다. 왜 변해가는 모습을 봐야 하냐고 생각할 수도 있을 것이다. 개발을 해야만 하는 이유를 알고 있으면 다음에 다른 지역을 둘러보았을 때 '아, 이 지역은 곧 개발되겠구나' 하는 선행학습이 가능하기 때문이다. 이것이 열심히 발품을 팔아야 하는 까닭이다.

3. 가격 조사를 한다

임장을 나가면 가격 조사는 필히 해야 한다. 목적에 따라 다를 수도 있겠지만 기본적으로 매매 가격, 전세 가격, 월세 가격은 반드시 확인한다. 이 경우에도 물건마다 환경이 다르므로 최저, 평균, 최고 가격까지 확인하고, 가격뿐만 아니라 수요자의 연령, 가족 구성, 목적 등의 기본적인 특성까지도 파악을 한다면 좀 더 입체적인 조사가 될 것이다. 자주 임장을 하다 보면 처음 임장을 나갔을 때 가격과 몇 개월 후에 달라진 가격의 변화를 느낄 수 있다.

개발이 진행되고 있으면 가격의 변화도 함께 온다. 이런 변화를 따라가며 습득해야 한다. 이것은 아무도 가르쳐주지 않는다. 책이나 학원에서는 절대 알 수 없는 부분이다. 몸으로 익혀야 할 항목이 있다. 부자 DNA가 있듯이 부동산 DNA도 있다. 현장에 돈이 있다고 해도 과언이 아니다. 더워도 추워도, 비가 와도 눈이 와도 현장을 찾아야 하는 이유다. 백날 말해야 알 수 없다. 현장에 한 번 나가 보면 금방 알 수 있다. 책 한 권 읽는다고 해서 모든 것을 알 수는 없다. 그냥 바람 쐬러 간다는 가벼운 마음으로 요즘 뜨고 있는 지역에 가서 운동 삼아 한 바퀴 돌고 차 한잔하고 와라.

4. 지역 중개사와 친분을 쌓아라

지역 정보는 다양하게 얻을 수 있다. 그 지역에 사는 사람한테 들을 수도 있고, 지나가다가 동네 아주머니에게 말을 걸어 얻을 수도 있다. 하지만 그 지역의 가장 많은 정보는 공인중개사가 가지고 있다. 지역마다 한 군데 정도는 인사하고 들어가 차 한잔할 수 있도록 관계를 쌓아야 한다. 너무 어렵게 생각하지 마라. 중개소를 찾을 때 보통은 이렇게 이야기가 오간다.

"안녕하세요, 문의 좀 드릴게요."

"어서 오세요!"

"이 동네 시세가 궁금하네요. 아파트 24평이 얼마나 하나요?"

"실거주하시게요?"

"아니요, 임대 사업할 물건을 찾고 있어요. 이 동네 다른 볼일 있어 왔다가 시장 조사도 할 겸 물어보러 왔습니다."

"네, 그러세요. 이쪽으로 앉으시죠."

대화는 이렇게 시작한다. 의외로 처음 중개소에 들어가 대화하는 것을 굉장히 불편해하는 사람들이 많다. 혼자 가기 힘들면 다른 사람과 함께 방문해서 심리적 부담을 줄이는 것도 방법이다. 쉽게 생각하라. 지금은 내가 정보를 구하는 입장이지만 어느 순간에 나는 고객이 될 수도 있다. 서로 필요한 관계이니 좋은 인연을 만든다고 생각하고 자주 들러서 친해지길 바란다.

★★★

PLUS 1 - 발로 뛰는 임장 사례

강남구 청담동

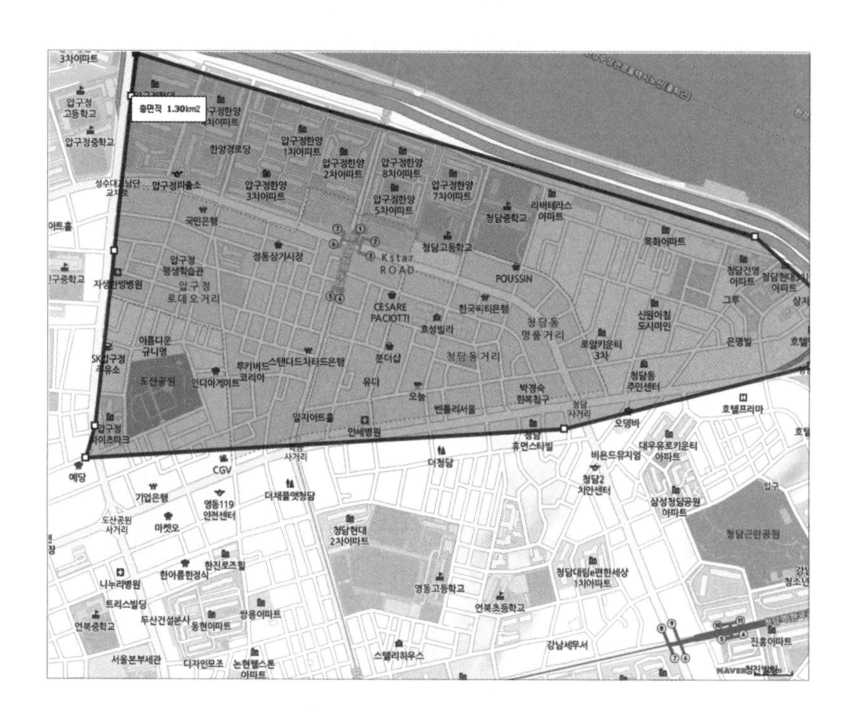

청담동은 강남 방향으로 영동대교를 건너오면 바로 만나는 동네다. 교통으로는 영동대로, 청담대교, 성수대교, 올림픽대로 등이 있어 강남 교통의 요지다. 대중교통 또한 7호선과 분당선 등 지하철이 잘 연결되어 있다. 학군도 빼놓을 수 없는데, 강남 8학군의 대표 학군인 경기고,

청담고, 영동고 등이 있다. 주변은 청담 명품 거리와 갤러리아백화점, 코엑스몰 등을 갖추어 편의 시설이 즐비하다.

강남은 개발 호재가 너무 많은 지역이라 열거하기도 힘들다. 우선 현대차 신사옥, 국제교류 복합지구 개발 계획이 있다. 또 삼성동 코엑스를 중심으로 한 강남 업무단지가 마이스(MICE) 산업 집중 육성 지역으로 탈바꿈을 준비하고 있다.

엘루이 호텔 뒤편으로 건국대학교 쪽에서 영동대교를 넘어오다 오른쪽 지역을 둘러보면, 한강을 끼고 있고 연예기획사인 JYP 본사와 SM 본사가 있는 지역이 있다. 이 지역은 연예인들이 소리 없이 몰리는 지역이다. 조용한 주택가에 엔터테인먼트 회사들이 들어오고 분당선 압구정로데오 역이 개통되면서 접근성이 좋아졌다. 그러면서 외국인 관광객들이 늘어나고 새로운 업종들이 생겨나기 시작했다. 한강 접근성이 좋아지면서 젊은 사람들이 찾는 선술집과 외국인 관광객을 겨냥한 게스트하우스 등이 생겨, 예전 청담동의 명품 브랜드숍 거리와는 다른 분위기의 거리로 변화하고 있다. 요즘은 공원이나 강 등을 끼고 있어야 지역 상권이 발달하는 경향이 있다.

가로수길 상권은 쇼핑과 함께 한강에서 즐길 수 있는 문화 체험을 할 수 있었기에 상권 활성화에 큰 도움이 되었다. 그래서 압구정 로데오의 상권에 밀리지 않았다. 압구정 로데오의 부활을 노리기 위해선 도산공원의 입구를 압구정 로데오거리 쪽으로 만들어야 한다. 이렇듯 지역을 돌아보며 그 지역의 특성과 현 상황을 잘 파악하는 게 중요하다.

지역을 둘러보고 상가 등의 월세를 확인해서 내가 만약 이 지역에서 장사를 한다면 어떤 업종이 좋을지를 고민하고 해답을 찾아가보자. 임

청담동 명품관

청담동 JYP 전경

청담동 상가 건물

청담동 주택 지역

장은 현장에서 마주치는 고민이나 의문을 가지고 새로운 세계를 만들어 가는 것이다.

임대료가 비싼 강남에 아이디어가 좋은 젊은 창업자를 위해 사무실 공유 사이트를 만들어보면 어떨까? 외국인 관광객을 상대로 숙박 공유 사이트를 열면 투자 비용 대비 얼마의 수익을 올릴 수 있을지를 고민하고, 공부하고, 상상해보는 중요한 시간이다.

★★★

PLUS 2 - 발로 뛰는 임장 사례

용산 삼각지, 신용산 지역

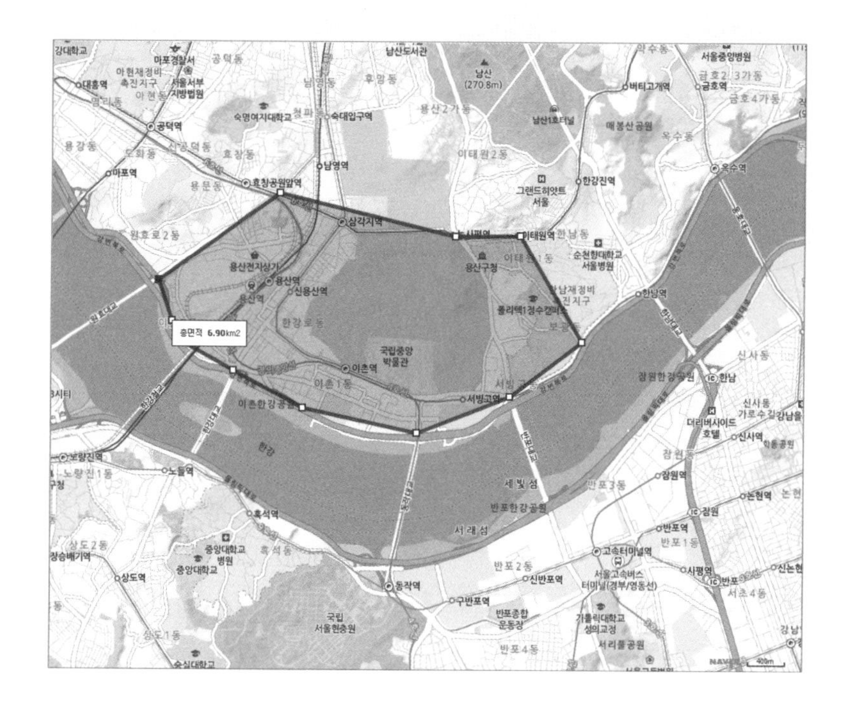

용산구청이 서울역부터 한강대교 북단에 이르는 지역을 용산지구 단위 계획 재정비 용역에 착수했다. 이 지역은 미군부대 이전과 관련해 서울역에서 용산역, 한강대교 북단에 이르는 광대한 지역이다.

지도를 통해 용산 주변의 입지 조건을 확인한 다음 출발하였다. 지도에서 볼 때 한강을 끼고 안쪽에 있는 지역이 풍수상 좋은 곳이다. 지도를 보면서 그 지역을 보는 법도 아주 중요하다.

용산역과 삼각지역

용산 개발에서 중요한 핵심은 용산공원이다. 100만 평이 넘는 서울 용산공원 일대를 중심으로 한 체계적 개발 계획이라 그 규모가 정말 어마어마하다. 2013년 용산 역세권 개발 사업이 중단되고 말도 많았는데, 용산구가 나서서 계획을 추진하고 있다.

지하철을 타고 용산역에 내려서 본격적인 임장을 시작하자. 역세권은 걸어서 10분 이내는 돼야 한다. 부동산 업자의 이야기만 들을 것이 아니라 직접 다니면서 역세권을 확인해야 한다. 용산역을 등 뒤로 하고 철길을 따라가다 보면 한강이 나온다. 한강을 좌측으로 끼고 우회전을 해 고가를 넘어 이촌동으로 들어선다. 이곳은 서울에서도 대표적으로 노후가 진행된 서민 아파트가 많다. 이곳을 둘러보면 옆으로는 철길이, 뒤로는 한강이, 앞으로는 용산역 차량 기지가 있어 삼면이 막혀 있음을 알 수 있다. 이곳은 발달하고 확장할 수 없는 지리적 약점이 있는 지역이다. 반대쪽의 동부이촌동과 비교하면 한없이 초라하다. 국제업무 예정 지역을 돌아 원효로를 지나 효창공원 인근까지 둘러보는 코스도 추천한다.

용산 삼각지역 주변은 아파트들 사이로 여기저기에 재개발 건물이 있다. 이처럼 용산구 전체의 70퍼센트 이상이 재개발로 예정되어 있어 매우 규모가 크다. 배호의 노래 가사에 나오는 '돌아가는 삼각지'의 골목골목은 매우 신기하다. 그중에서도 대구탕 골목이 아주 유명하다. 유명한 식당 거리는 사람들이 많이 들고 나므로 건물의 가치를 다시 매긴다. 이것이 부동산의 원리다.

만약 이곳이 재개발이 된다면 어떤 모습으로 바뀔 것인가. 남산을 바라보면서 옆으로는 미군들이 사용하는 드넓은 공원 전망이 나오는 용산역과 삼각지역, 서울역까지 이어지는 국가 중심 거리로 탈바꿈할 것이다. 삼각지역에서 녹사평역으로 경리단길과 하얏트호텔을 돌아 이태원역으로 내려가는 코스 또한 볼거리와 먹거리가 충분한 지역 임장 코스다.

삼각지역 인근 먹자골목과
용산역 전면 3구역 복합 개발 공사 현장

이렇게 배운 이론을 임장을 다니면서 접목해보고 분석하면서 안목을 기르는 것이 부동산을 공부하는 방법이다. 임장을 통해 서류에 나와 있는 물건을 보는 법을 키울 수 있다.

PLUS 3 - 발로 뛰는 임장 사례

문화 예술의 중심지, 홍대 · 합정 · 망원 지역

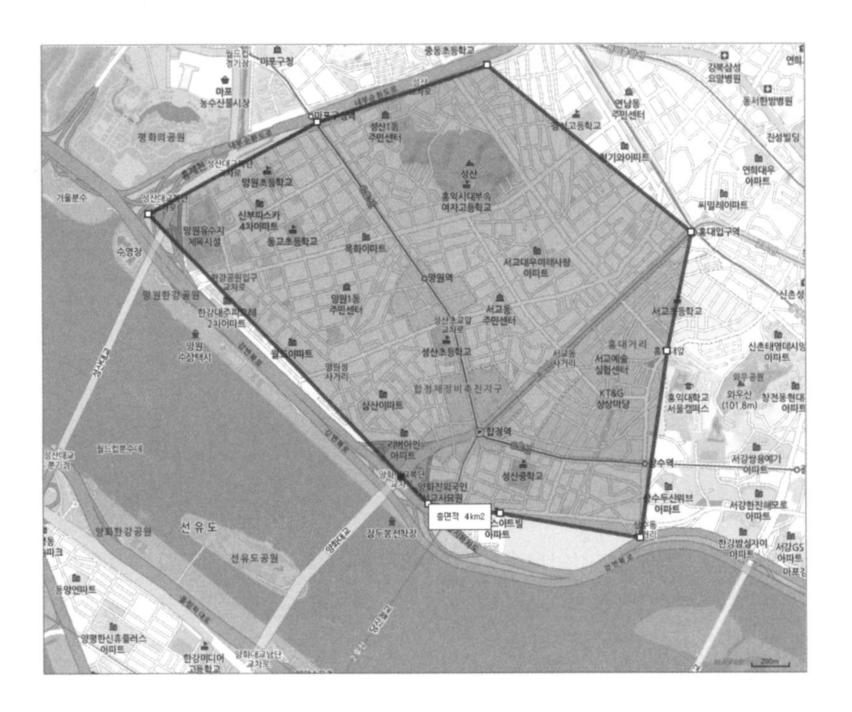

합정역은 2호선과 6호선이 만나는 환승역이다. 그리고 주변에 홍익대학교와 연남동 등이 인기 지역이고, 합정역 인근 상수역까지 작은 골목을 중심으로 상권이 변하고 있다.

젊은이들의 클럽 문화를 바탕으로 발달하기 시작한 홍대 상권이, 연남동 기찻길의 공원화 사업으로 말미암아 연남동까지 확장됐다. 홍대와

합정동 재개발 지역

월드컵시장

연남동이 먹거리와 볼거리 위주의 상업 지역이라면, 서울의 대표적인 주거 지역인 합정역에서 망원역을 지나 마포구청역까지 이어지는 6호선 라인은 눈여겨봐야 할 대표적인 주거 지역이다.

이 지역은 월드컵시장과 망원시장이 연결되어 서울에서 가장 규모가 큰 재래시장을 형성하고 있다. 재래시장을 중심으로 서민들이 모여 살고 있는 곳으로, 상암 DMC와 마포의 공덕동 인근 오피스 지역의 접근성이 뛰어난 곳이다. 월세 가격도 안정적으로 형성돼 있고 풍부한 대기 임차인이 있는 대표적인 서민 주거 지역이기도 하다.

시세 파악을 통해 수익률 계산을 몸에 익히자

시세 조사를 통해 투자 금액이 적당한지 확인하라

현장을 나가 둘러보는 가장 중요한 일 가운데 하나가 가격 조사를 하는 시세 파악하기다. 시세를 파악하는 이유는, 내가 투자하는 금액이 과연 적당한지에 대해 답을 찾는 것이다. 다른 지역과 비교했을 때 같은 금액을 투자해 더 높은 수익률이 나온다면 좋을 것이다. 그러나 반대로 같은 금액을 투자해서 더 낮은 수익을 얻는다면 올바른 투자라 할 수 없다.

이렇듯 부동산 투자는 적은 비용을 들여 최대의 효과를 얻어야 한다. 이는 부동산 투자도 기본적으로 경제 논리에 맞아야 하기 때문이다. 그러기 위해서는 시세 파악을 기본으로 해야 하고, 파악한 금액으로 투자 금액을 산출하고 대출을 활용한 투자금을 제외한 실투자 금액을 뽑아야 한다.

이렇게 실투자 금액이 나오면 필요 경비와 부대 비용을 산출해서 총 투자 비용을 산출한다. 이렇게 산출한 비용을 전세나 월세로 임대를 놓았을 때 보증금 및 월세의 합을 실투자 비용 대비 수익률로 뽑을 줄 알아야 한다.

예를 들면 5억 원짜리 아파트를 전세 4억 원을 끼고 매입했을 때 실투자 비용은 1억 원이다. 1억 원을 투자해서 2년 후에 이 아파트의 가격이 5억 5000만 원이 되었다면 실투자금 대비 50퍼센트의 수익률을 2년 동안 올린 것이다. 이것을 1년으로 환산하면 25퍼센트의 연 수익을 올린 것이 된다.

매입 가격 : 5억 원

전세 가격 : 4억 원

실투자 금액 : 1억 원

매도가 : 5억 5000만 원

2년 후 수익 : 5000만 원

수익 5000만 원 / 실투자 1억 원 = 50퍼센트 수익률 / 2년 = 25퍼센트

다른 예를 들어보겠다. 5억 원에 아파트를 매입해서 보증금 1억 원에 월세 150만 원에 임대를 놓았다고 가정해보자. 투자금 5억 원 중 보증금으로 1억 원을 받아 실투자 금액은 4억 원이다. 월세 150만 원을 열두 달 받으면 1800만 원이다. 1800만 원을 실투자 금액으로 나누면 1년 수익률은 4.5퍼센트다. 이렇게 투자금 대비 수익률 계산을 많이 해보기 바란다.

매입 가격 : 5억 원

보증금 : 1억 원

월세 : 150만원 × 12 = 연 1800만 원

실투자 금액 : 4억 원

연수익 : 1800만 원 / 실투자 4억 원 = 4.5퍼센트

단순 비교를 했을 때 위의 계산으로 전세 끼고 투자하는 것이 수익률이 높다고 생각하는 사람이 있을 것이다. 그렇지만 월세를 받은 아파트도 똑같이 5000만 원이 올랐다고 가정해보자. 그러면 아파트 상승분 5000만 원에 월세를 받은 금액 1800만 원을 합쳐 5800만 원을 실투자 금액 4억 원으로 나누면 연 17퍼센트의 수익률이 나온다. 단순하게 계산하면 전세 끼고 한 투자가 6퍼센트 이상 높게 나온다.

매입 가격 : 5억 원

매도가 : 5억 5000만 원

월세 수익 : 1800만 원

매도 차익 : 5000만 원

실투자 금액 : 4억 원

수익률 17퍼센트(1년 수익률)

전세 투자 시 수익 : 5000만 원 / 2년 = 25퍼센트 수익률

하지만 매매가의 변동이 없다면 전세 끼고 투자한 아파트의 수익은 0퍼센트고 월세를 받은 아파트는 4.5퍼센트의 수익을 올릴 수 있다. 전

세 끼고 투자하는 것, 즉 갭 투자는 전세금의 상승이나 매매 차익으로 수익을 올리는 상품이다. 매달 월세가 나오는 수익형 부동산과의 차이를 알아야 한다.

매입 가격 : 5억 원

매도가 : 5억 원

전세 수익률 : 0퍼센트

그럼 또 여기서 한 가지 알고 넘어갈 것이 있다. 은행 대출을 이용해서 투자금 가운데 일부를 사용한다면 어떻게 수익률이 변할지 생각해보자. 아파트는 시세의 60퍼센트까지 은행 대출이 가능하며, 개인 신용이나 은행에 따라 70퍼센트까지도 가능하다. 여기서는 60퍼센트 대출을 활용해 3억 원의 대출을 받아 아파트를 매입하고 보증금 1억 원을 환수했으므로 실투자 금액 1억 원에 월세 1년분 1800만 원과 아파트 가격 상승분 5000만 원을 합친 6800만 원을 1억 원으로 나누어 수익률을 계산해보면 68퍼센트의 수익률이 나온다. 물론 대출 이자를 3퍼센트로 계산하면 1년 대출 이자 900만 원을 빼면 5900만 원이다. 이 금액을 1억 원으로 나누면 59퍼센트의 수익률이 나오는 것을 알 수 있다.

매입 가격 : 5억 원

대출 금액 : 3억 원

보증금 : 1억 원

월세 : 1800만 원

대출이자 : 900만 원

실투자 금액 : 1억 원

매도가 : 5억 5000만 원

매도 차액 : 5000만 원

총수익 : 5000만 원 + 월세 1800만 원 - 이자 900만 원 = 5900만 원

수익률 : 5900만 원 / 실투자 1억 원 = 59퍼센트

은행 대출을 활용하여 수익률을 높이는 방법이 있고, 4억 원의 자금으로 전세를 4채 보유하여 전세 가격의 상승이나 매매 차익으로 수익을 올린다면 이 또한 높은 수익을 올릴 수 있다. 나는 수익형 부동산에 초점을 맞춰 실투자에 임한 것이다. 이처럼 꼼꼼히 비교 분석해 본인에게 맞는 투자법으로 실전 투자에 임해야 한다.

시세 조사를 통해 수익률을 따져보라

시세 조사를 하는 또 다른 까닭은 이처럼 복잡한 수익률을 따져보기 위함이다. 얼마에 매입하느냐에 따라 투자 수익률이 달라진다. 또 전세와 월세 시세에 따라서도 투자 수익률이 확연히 달라진다. 자금이 많아 이런저런 생각 안 하고 매입해서 시간이 흐른 뒤에 가격이 올라 매도 차익을 얻을 수 있다면 이런 수익률 계산은 필요없다. 그렇지만 부동산으로 자산을 늘려가고자 재테크에 관심을 갖고 노후 준비를 위해 공부하는 사람이라면 이런 수고는 당연하다.

처음에는 시세 조사가 어려울 수 있다. 시세 조사 자체가 어렵다기보

다는 경우에 따라 변하는 수익률을 따져 판단하고 선택하는 게 훨씬 어려운 일이다. 처음부터 이런 투자나 선택은 쉽지 않다. 반복해서 계산기를 두들겨보며 계산을 해봐야 익숙해진다.

시세 대비 실투자 금액을 뽑아보는 일도 습관이다. 실투자 금액을 줄이기 위해 대출을 알아보고 몇 퍼센트의 대출 규모로 투자를 할 것인지 선택하는 것도 습관이다. 매입한 물건을 전세로 투자할 것인지, 월세로 투자할 것인지를 선택하는 연습도 필요하다. 이런 습관들이 모여 생활에 변화를 가져온다. 사소한 습관들이 모여 기초 체력을 쌓고 자신도 모르는 사이에 부동산 투자의 고수에 점점 다가서게 되는 것이다.

이런 습관이 쌓이면 머릿속에 혼자만의 기준이 생긴다. 길을 걸어가다가 부동산 중개업소에서 적어놓은 주변 아파트나 빌라의 매매 가격과 전세 가격, 월세 가격을 흔히 볼 수 있다. 어느 정도 수준이 되면 중개업소에 들어가지 않아도 밖에 적어놓은 데이터만으로도 이 지역이 투자가치가 있는지 없는지, 투자 수익률이 내가 생각하는 수준으로 나오는지 아닌지를 알 수 있을 것이다.

부단히 노력하기 바란다. 책상에 앉아 책만 읽어서는 이런 자료를 얻을 수 없다. 요즘 모든 산업에서 빅데이터를 활용한다. 또 직방이나 다방 같은 부동산 중개소가 성장하고 있다. 하지만 부동산 투자는 이런 빅데이터를 바탕으로 본인만의 빅데이터를 쌓아가는 시간과 자료가 필요하다. 남이 모아놓은 자료를 본인의 자료로 활용하기 어렵고 남들이 믿지도 않는다.

《상상, 현실이 되다》의 저자 차원용 미래학자는 이렇게 말했다.

“미래는 3가지 요건을 갖춘 사업만이 살아남을 것이다. 시간과 공간과 데이터를 활용한 사업만이 생존할 것이다."

나는 이 말을 듣고 깊은 고민에 빠졌다. 과연 부동산 투자가 이 3가지 요건을 갖춘 것일까? 부동산 임대 사업이 과연 미래에도 살아남을 수 있는 사업일까? 임대 사업은 시간의 사업이라 할 수 있다. 매달 정해진 날짜가 되어야 임대료를 받을 수 있고, 시간이 되지 않으면 임대료를 받을 수가 없다. 또 임대 사업은 공간을 빌려주는 사업이다. 약속한 면적의 공간을, 약속한 시간 동안 사용하고, 약속한 사용료를 받는 것이다. 이것을 계속 유지하려면 사용자가 있어야 한다. 다시 말해 임차인이 있어야 가능한 사업이다.

그렇다면 임차인이 풍부한 지역에서 실투자 금액 대비 높은 수익률이 나올 수 있는 물건을 골라야 한다. 이 책을 읽는 독자라면 임대 사업의 강점을 잘 활용해 경제적 자유를 성취하고 행복한 노후 생활이 지속 가능하도록 만들 수 있을 것이다.

수익률 계산법

TIP

수익률 = 순이익 / 실투자 금액×100

수익률 = (연간 임대료 – 연대출 이자) / (부동산매입금액 – 대출금 – 보증금)×100

수익률 = (월임대료×12) – (월이자×12) / (부동산 매입 금액 – 대출금 – 보증금)×100

정확한 통계와 자료로 입지를 분석한다

입지 분석은 지역의 발전 가능성이 핵심이다

부동산 투자에서 가장 중요한 요소는 입지(立地)다. 이것은 땅의 위치가 어디에 있느냐 하는 것이다. 투자하려는 지역이 미래의 발전 가능성이 있느냐 없느냐에 따라서 투자할지 말아야 할지를 결정해야 한다. 그리고 미래 가치가 높은 곳이 좋은 입지다.

부동산 기초 체력을 기르고, 부동산 가격의 기준을 세우고, 투자 가능 지역을 넓혀가고, 현장 조사를 하고, 시세 조사를 하는 까닭은 모두 어디에 투자할지를 결정하기 하기 위한 예비 작업이다. 그만큼 미래 가치를 분석하는 것은 어렵고도 중요하다.

현장 조사를 할 때 물건 임장보다 지역 임장을 하는 까닭은 미래 가치 때문이다. 미래 가치를 살펴보는 입지 분석을 위한 임장을 해야 폭넓은 시각을 가질 수 있다. 나무를 보는 것이 아니라 숲을 바라볼 수 있는 능력을 키워야 한다.

부동산 투자에 관심을 지니고 책을 찾아보다가 우연히 이 책을 읽고 있는 사람들 가운데 공부할 게 너무 많다며 벌써 책을 덮는 분이 있을 수도 있다. 그렇지만 부동산 공부는 공인중개사 시험을 보기 위해 하는 공부가 아니다. 성적을 위해 등수를 매기는 공부가 아니라 생존, 미래, 안정적 노후 생활을 위한 공부다. 점수를 따기 위해 시험을 보던 기존의 공부를 생각하지 않기를 바란다.

'큰 틀에서 부동산 투자를 이렇게 하는 거구나!' '이 책에서 하는 대로 따라 하다 보면 나도 부자가 될 수 있겠구나!' '월세를 받는 임대 사업자가 될 수 있겠구나!' '안정적인 노후 생활이 가능하겠구나!' '돈 걱정 없이 아름다운 인생을 살 수 있겠구나!' '행복한 가정생활을 영위할 수 있겠구나!'

이런 마음이 들면 되는 것이다. 여러분도 할 수 있다. 부동산 투자와 임대 사업자는 특별한 사람만 할 수 있는 게 아니다. 약간의 지식과 자본, 정보, 용기만 있으면 가능하다. 지식은 책에 다 나와 있다. 정보는 신문이나 국가 정책을 통해 알 수 있다.

용기는 이런 지식과 정보가 쌓여서 생기는 것이다. 자본은 여러분들이 그동안 모아놓은 종잣돈이 될 수 있고 여러분의 신용이 될 수도 있다. 지식, 정보, 용기가 있다면 자본은 크게 문제 될 게 없다. 어떻게 해서든 종잣돈은 만들게 되어 있다.

정확한 통계와 자료로 투자 지역을 선정하라

서울을 예로 들어보겠다. 서울의 지하철은 340여 개 이상이다(부산 128개, 대구 89개, 광주 20개, 대전 22개). 더블 역세권만 해도 50여 개가 넘는다. 다시 말하면 투자 지역이 300곳이 넘는다는 이야기다. 이 중에 더블 역세권이면 더 투자할 가치가 높은 지역이다. 지방 도시에 전철역 하나 들어서거나, 광역철도 하나 생기는 것이 투자 유망 지역이라고 생각한다면 다시 생각해보기를 바란다.

일단 대중교통을 잘 갖춘 곳이 투자 대상 1순위다. 사람들의 접근성이 제일 중요하다. 다니기 편하고 접근하기 쉬워야 투자 가치가 있다. 주변에 일자리가 많은 곳이나 소득 수준이 높은 곳도 투자하기에 좋다. 일자리가 있어야 사람이 모이고, 소득 수준이 높아야 전세나 월세 가격을 잘 받을 수 있으며, 임대료 체납에 대한 걱정도 줄어든다. 그만큼 부동산 투자의 기본은 입지 선택에 있다.

서울시2030도시계획

제4차 국토종합계획

부동산 투자의 큰 흐름을 이해한 다음에 작은 부분으로 접근하는 방법이 좋다. 정부에서 세워놓은 큰 그림을 알아야 입지를 선택하는 데 도움이 된다. 나라에서 국토를 어떻게 효율적으로 개발, 이용, 보존해야 할지 계획을 세운다. '국토종합계획'이나 '서울시2030도시계획'과 같은 개발 계획을 참고해서 투자 지역을 선정한 다음 투자 범위를 좁혀나가야 한다.

상담을 하면서 부동산을 매수하게 된 이유를 물어보면, 주변의 누군가가 사면 좋다는 말을 듣고

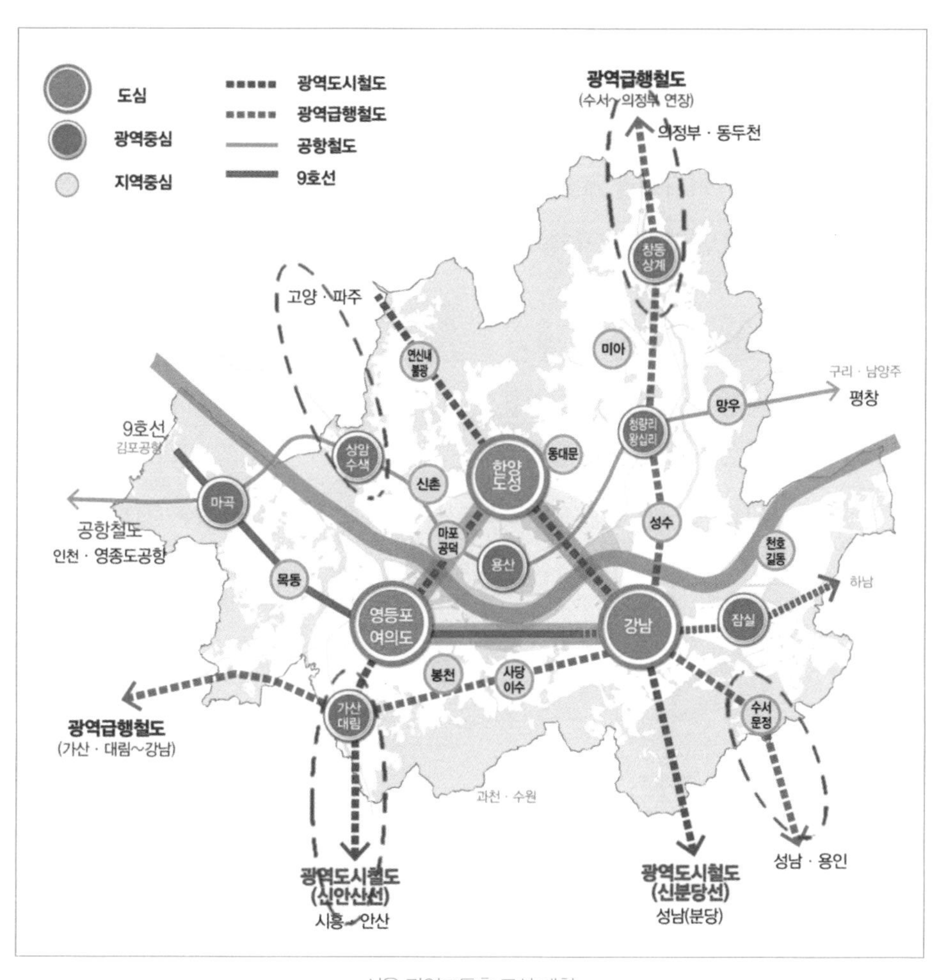

서울 광역교통축 구상 계획

부동산 투자를 한 사람들을 자주 접한다. 누군가의 말이 아닌 정확한 통계와 자료가 있는 곳에 투자해야 한다. 인터넷 검색창에 '국토종합계획'이나 '서울시2030도시계획'을 검색하면 모든 내용이 공개되어 있다.

이와 같은 자료에는 앞으로 국가에서 개발 예정인 지역이 나와 있다. 투자가 목적이라면 개발 계획이 있는 지역에만 투자해야 한다. 서울시를 예로 들면 3도심, 7광역, 12지역으로 개발 계획이 잡혀 있다.

3도심 – 한양 도성 4대문 안, 강남, 여의도 영등포 지역

7광역 – 마곡, 상암 수색, 용산, 가산 대림, 창동 상계, 청량리 왕십리, 잠실

12지역 – 신촌, 연신내 불광, 마포 공덕, 목동, 봉천, 사당 이수, 동대문, 미아, 망우, 성수, 천호 길동, 수서 문정

COLUMN

수익형 부동산의 위험 요소는 금리가 아닌 공실이다

국내 부동산 시장은 3대 악재인 '미국의 금리 인상', '국내 정치 상황', '장기적인 경기 침체'로 낙관적이지만은 않다. 미국이 금리를 인상할 것은 분명하지만 우리나라는 이와 따로 놀고 있다. 미국 금리가 인상되기도 전에 국내 은행은 주택 담보 대출의 금리를 한없이 올려놓으며 서민들의 등골을 빨아먹고 있다. 실상 우리나라 금리가 오르기 힘든 경제 구조인데도 은행들은 앞다퉈 가산 금리를 올리며 수익성 강화에 열을 올리는 모양새다.

경제 상황을 알려주는 모든 지표가 좋지 않다. 국내 경기와 더불어 정치 상황도 안개가 낀 듯 불투명하다. 정부의 부동산 정책은 부동산 부양 정책에서 가계부채 관리로 바뀌었다. 분양 시장의 대출 규제로 실수요자 위주의 정책을 펴고 있어 향후 분양 시장은 위축될 것이다. 재건축 시장은 강남 재건축 시장이 시장을 끌고 가는 형태이나 그 힘이 얼마나 갈지는 미지수다.

과연 우리는 어떤 투자 전략으로 살아남을 수 있을 것인가? 이럴 때일수록 차별화와 양극화 전략이 필요하다. 부동산 가격은 모든 지역이 오르거나 모든 지역이 떨어지지는 않는다. 비싸도 값을 하는 지역이 있고, 싼 게 비지떡인 지역이 있다. 어렵고 힘든 시기가 다가오고 있으니 달리는 말에 채찍질을 해야 한다.

모든 어려움이 있음에도 이럴 때일수록 우리는 경제적 자유를 찾아 도전해야 한다. 부동산 투자는 금리가 낮으나 높으나 상관없이 투자 수익률을 정확히 분석해 투자하는 것이 관건이다. 금리가 오르면 투자 수익률이 조금 떨어지고, 금리가 낮으면 수익률이 조금 높을 뿐이다. 금리가 올라도 대출을 활용해서 투자를 해야 하고, 금리가 낮아도 대출을 활용해 투자를 해야 한다. 결국 금리는 여러 가지 위험 요소 가운데 한 가지일 뿐이다.

금리보다 중요한, 수익형 부동산의 가장 큰 위험 요소는 바로 '공실'이다. 수익형 부동산은 얼마나 공실 없이 안정적으로 운영하느냐가 중요하다. 투자 환경이 안 좋은 때일수록 공실 없는 부동산을 찾아 투자해야 한다. 공실 없는 부동산은 임차 수요가 풍부한 인프라를 갖고 있다. 그런 지역을 찾아 신중하게 접근할 필요가 있다. 수익형 부동산에서 월세를 받고 그 월세 중 일부를 대출 이자로 지급하고 나머지 금액에서 수익을 내는 투자를 해야 한다.

전문 지식으로 두려움을 극복하고, 현장을 누비며 변화하는 시장 상황을 몸으로 느껴보자. 그렇게 본인의 의지와 열정이 있어야만 부동산 투자도, 경제적 자유도, 부자의 삶도 성취할 수 있을 것이다.

Part 3

나에게 맞는 투자법을 찾아라

살고 있는 집으로 돈 버는 시대는 끝났다

실거주 투자는 경제 성장률이 높을 때 가능하다

이번 장에서는 투자 목적을 찾아가 보자. 부동산 투자 역시 선택의 연속이다. 어떤 선택을 하느냐에 따라 투자의 성패가 갈린다. 인생이나 투자나 좋은 선택을 얼마나 많이 하느냐가 중요하다. 우리나라는 저출산, 저성장, 저금리의 3저(低) 현상에 빠져 있다. 경제 성장률이 높았던 시기에는 주식이나 부동산을 사놓으면 가격이 올라 쉽게 수익을 올릴 수 있었다. 우리나라는 한때 경제 성장률이 두 자리 숫자를 기록하며 '아시아의 떠오르는 용'이라는 칭호를 얻으며 끝없는 성장을 이어갈 것이라는 환상에 빠져 있었다.

그렇지만 지금은 어떤가? 2016년 대한민국의 경제 성장률은 2.8퍼센트에 불과했다. 전형적인 저성장 국면에 들어선 것이다. 저성장 문제는 잃어버린 20년을 넘어 30년으로 가고 있는 일본에서 교훈을 얻어야 한다. 여성의 사회 진출 확대에 따라 결혼 연령이 늦어지고, 자녀 양육비와 교육비 부담이 늘어나며, 결혼과 출산에 대한 가치관의 변화, 독신 가구 증가 등으로 출산율이 떨어지고 있다.

저출산으로 말미암아 산업 현장에서 일할 수 있는 노동력이 줄어들었다. 노동 인구가 고령화되면서 노동 생산성이 낮아지고, 노인 인구 증가로 노인 부양 금액이 늘고 있어 사회 문제로 대두하고 있다. 이처럼 저출산이 저성장으로 이어지고 있는 것이다. 예전처럼 아무거나 사놓으면 가격이 오르던 시대가 아니다. 집을 사서 시세 차익을 많이 남길 수 있는 사회 구조가 아님을 알아야 한다.

상담을 할 때 많이 듣는 질문이 "가지고 있는 집값이 앞으로 오를까요?", "언제 팔아야 할까요?", "어디에 집을 사야 하나요?" 등이다. 결론부터 말하자면, 여러분이 살고 있는 집값이 오를 확률은 대단히 적다. 지금은 대세가 꺾여 있는 상태다. 강남과 일부 저층 재건축 아파트를 제외하고는 성장 동력을 잃어버렸다. 수도권에서는 2016년 2월부터 대출 규제를 시작해 부동산 가격이 하향세로 돌아섰다. 지방도 2016년 5월부터 대출 규제가 시작되면서 양극화, 차별화 현상이 이어질 것이다.

이제는 투자 전략도 바뀌어야 한다. 실거주하는 부동산으로 돈을 벌 생각은 버려라. 실거주와 투자 물건을 확실히 구분해야 한다. 실거주는 본인이 편한 곳에 살면 된다. 회사나 아이들 학교가 가까운 곳, 주변에 친인척이 있는 그런 곳에 살면 된다. 젊은 부부라면 자녀 교육까지 생각해서 실거주 지역을 선택해야 한다. 요즘은 유치원부터 초·중·고등학교까지 학교 인맥이 형성되므로 학교를 옮겨 다니는 것은 아이들에게나 부모에게나 쉽지 않은 선택이다. 아이가 태어날 때부터 취학 이후의 생활을 준비해야 한다. 두 사람만 생활하는 노년층은 살고 있는 집을 줄여 현금 흐름을 개선해야 한다. 자녀들의 출가로 큰 집이 필요 없는데도 아직도 큰 집에서 적적한 생활을 하는 분들이 많다.

수익형 부동산으로 노후에 대비하라

주택을 구입할 때는 여러 가지 상황을 고려해야 하며, 주거 비용을 최소화해야 한다. 거주하는 공간에 너무 많은 돈이 묶여 있으면서 노후를 걱정한다면 지금 당장 결단을 내려야 한다. 주거 비용을 줄여 투자 금액을 확보하는 게 노후 준비를 잘하는 길이다.

정부에서 발표한 주택연금제도가 많은 분들에게 호응을 얻고 있다. 지금 살고 있는 집에서 계속 거주하며 연금도 받고 사후에 집을 팔아 남는 돈이 있으면 유족에게 상속하는 것이 주택연금제도다. 노후 준비가 부족한 우리나라에 꼭 필요한 제도다. 재테크에 관심이 부족하고 노후 생활 자금이 넉넉지 않은 노년층에서 신청자가 몰리고 있다.

지금 노년층은 그럴 수밖에 없다. 그들은 먹고살기 힘든 시절에 일만 열심히 하면 밥은 굶지 않고 살 수 있는 시절을 살아온 분들이다. 재테크보다는 회사에서 하는 일에 열중하며 가족들 뒷바라지를 했다. 월급만으로 생활할 수 있는 일자리가 풍부했고 호황기에 생산 활동을 한 세대다.

하지만 지금은 어떤가? 회사에서는 예전처럼 정년을 보장하지 않는다. 평생 직장이라는 개념도 무너진 지 이미 오래다. 사회는 양극화되어 가진 자는 더욱 많은 부를, 없는 자는 생활이 더욱 궁핍해지고 있다. IMF 이후 계속해서 중산층이 무너지고 있다. 전 세계적으로 경제가 호황을 누리던 시간이 지났다. 각 나라마다 금융 위기를 겪으며 큰 혼란을 겪고 있고, 중산층은 무너지고 사회 안전망은 힘을 잃어가고 있다. 또한 정치는 계파 싸움으로 말미암아 국민들의 피로는 하늘을 찌르고 있다.

이러한 시기에는 부동산 재테크를 준비하지 않을 수 없다. 준비되어 있는 자는 더 높은 수익을 낼 수 있는 곳으로 자금을 활용한다. 일단은 실천을 해야 부동산이든 주식이든 투자를 하고 수익을 낼 수 있는 것이다. 주택연금은 최후의 보루로 남겨 두고 지금부터라도 천천히 준비해서 더 높은 수익을 얻을 수 있는 부동산 재테크에 열중해야 한다.

주거와 투자를 분리하라

나는 철저하게 주거와 투자를 분리한다. 내가 보유하고 있는 주거용 부동산은 모두 전세로 돌려 투자 금액을 만드는 데 사용했다. 부동산 투자를 하기 위해서는 종잣돈이 필요하다. 종잣돈을 만드는 방법은 개인마다 다르다. 난 전세보증금을 받아 수익형 부동산에 투자했고 나머지 자금은 은행을 통해 조달한다. 지금처럼 저금리 시대에 금융권을 활용하지 않는다면 언제 금융권을 이용할 것인가. 대출이 무섭고, 금리가 무섭다는 이야기는 수익형 부동산이 아닌 일반 주거용 부동산을 구입하는 경우에 해당한다. 실거주 목적으로 부동산을 구입하거나 투자 목적으로 부동산을 구입해서 은행 대출을 많이 받아 월급이나 기타 본인의 다른 수입으로 대출 이자를 감당해야 한다면 매우 위험한 생각이다. 이는 경제가 좋을 때 하는 투자 방법이다.

우리나라도 1980년대 이후부터 사놓기만 하면 부동산 가격이 오르던 시절이 있었다. 강남 복부인이란 말이 이때부터 나오기 시작했다. 그때는 외국 자본이 국내로 들어오기 시작할 무렵이다. 기업들이 외국인 주식 보유 지분을 50퍼센트까지 계속 늘리면서 많은 외국 자금이 국내에 들어와 산업 현장의 설비 투자 등에 활용했다. 그렇게 투자된 돈들이 다시 기업들의 수익으로 돌아오면서 생산이 증가하고 일자리가 늘어나면서 소득이 올라가던 시기였다. 지금 생각하면 말 그대로 세월 좋은 시절이었다. 하지만 지금은 그런 시절이 아니다. 외국 자본은 경제 성장률이 6퍼센트대인 신흥국으로 다 빠져나갔다. 중국, 베트남, 인도네시아 등과 같은 나라가 소위 요즘 잘나가는 나라들이다.

시대의 변화에 따라 투자법도 달라져야 한다. 지금은 예전의 방법과 사고방식으로는 헤쳐 나갈 수 없다. 이런 어려운 시대일수록 새로운 도전과 변화만이 살 길이다. 부동산 투자에도 여전히 적용할 수 있는 이야기다. 내가 권하는 방법은 부동산으로 돈을 번 고수들의 노하우를 열심히 따라 하는 것이다. 난 대기업들을 벤치마킹한다. 끊임없는 변화와 혁신을 외치며 안주하지 않는 모습에서 앞으로 살아갈 우리의 모습 또한 이렇게 변화해야 한다고 생각한다.

변화하는 부동산 투자의 방향

TIP

살고 있는 집으로 돈 버는 시대는 끝났다. 투자를 하고 싶다면 집을 줄여 종잣돈을 만들고 그 돈으로 투자 대상을 찾아 주택보다 높은 수익률이 나오는 상업용 부동산에 투자하라.

수익형 부동산이 답이다

수익형 부동산은 현금 흐름이 갑이다

부동산 투자는 크게 차익형 부동산과 수익형 부동산의 두 가지로 나눌 수 있다. 차익형 부동산은 일정 기간이 지나 부동산을 매도했을 때 매입한 가격보다 가격이 올라 있어 매도 차익을 남기는 투자법이다. 주택의 경우에는 전세로 임대를 놓았을 때다. 5억 원에 산 아파트를 4억 원에 전세를 놓았다고 가정해보자. 2년 후 아파트 가격이 5억 5000만 원으로 상승했다면 2년 동안 매매가 대비 10퍼센트의 수익을 올린 것이다. 이 투자법은 부동산 가격이 상승기에 있을 때 하는 투자법이다. 2년 후 부동산 가격이 오르지 않거나 하락했을 때에는 투자 비용 대비 수익이 발생하지 않는다.

경제 성장률이 높았던 시기에 많은 분들이 부동산을 매입해서 전세를 끼거나 대출을 활용해 높은 수익을 올렸다. 지금도 그 시절을 잊지 못하고 예전의 투자 방식으로 접근하려는 분들이 많다. 하지만 지금은 그런 시절이 아니다. 차익형 투자를 하려면 단단히 마음을 먹어야 한다. 더 많은 시장 조사를 해야 하고 발품을 팔아야 한다. 경기 변화에 빠르게 대응해야 하며, 수익이 날 수 있는 지역을 잘 선택해야만 차익형 부동산으로 투자 수익을 올릴 수 있다. 소형 평수의 아파트, 초역세권 위주의 빌라, 개발 호재가 있는 지역, 일자리가 풍부한 산업 도시 등이 투자 지역이 되어야 한다.

부동산 시장이 양극화, 차별화되기 시작했다. 오르는 지역만 오르고 안 오르는 지역은 안 오른다. 1~2인 가구가 증가하면서 대형 평수보다는 소형 평수가 인기를 끌고 있다. 아직도 대형 평수의 가격이 많이 오르지 않아서 대형 평수에 투자해보면 어떨까 하고 상담하는 분이 적지 않다. 하지만 이는 시장 흐름과 역행하는 투자다. 역발상 투자가 있을 수는 있지만 그건 고수들이 하는 방법이다. 일반 재테크를 생각한다면 시대 흐름에 따라 투자 계획을 잡아야 위험요소를 줄일 수 있다.

부동산 전문가 가운데 소형 아파트 위주의 전세 투자법으로 200채 이상의 부동산을 보유한 사람도 있다. 일반 투자자 가운데 서울2030도시계획의 3도심에 해당하는 지역인 강남권, 도심권, 영등포 지역의 빌라 전세 투자로 30여 채를 보유한 사람도 있다. 이처럼 확실한 본인만의 투자 원칙을 가지고 철저한 지역 분석이 선행되어야 한다. 부동산 시장의 변화를 읽을 수 있는 능력과 과감히 투자할 수 있는 배짱이 있어야만 성공한 투자자가 될 수 있다.

수익형 부동산은 매달 월세가 나오는 부동산이라고 이해하면 된다.

아파트, 빌라, 오피스텔, 상가 등에서 월세를 받는 모든 부동산을 수익형 부동산이라 한다. 수익형 부동산은 현재의 현금 흐름이 중요한 투자법이다. 그래서 나는 수익형 부동산에 투자한다.

부동산 투자 입문 시절은 오랜 사업으로 몸과 마음이 지쳐 있던 시기였다. 그래서 새로운 돌파구가 필요했다. 그런데 우연히 시작한 부동산 공부가 의외로 재미있었다. 마침내 부동산 투자자로 전업을 결심하고 열심히 준비했다. 처음에는 어떤 부동산에, 어떻게 투자하고, 어떤 물건으로 포트폴리오를 작성할 것인지 등등 여러 생각을 해야 했다.

공부를 시작하고 얼마 지나지 않아 현장에 나가면서 이러한 생각들은 모두 잊어버렸다. 부동산은 생각하는 것처럼 빨리 움직이지 않는다. 일반 매매건 경매건 1년에 투자할 수 있는 금액과 물건이 정해져 있다. 많이 사고 싶어도 돈이 없어 못 사고, 더 많이 벌고 싶어도 물건이 없으면 못 산다. 조급함이 없어야 부동산 투자자로 성공할 수 있다.

본인의 상황에 따라서 투자법은 바뀐다. 당장 현금 흐름이 좋아 월세 수익이 필요 없는 경우라면 차익형 투자 물건을 열심히 찾아나서야 한다. 노후 준비가 안 되어 있다면 매달 고정적으로 월세를 받아 생활해야 하므로 수익형 부동산에 투자해야 한다. 남편의 월급 이외의 추가 수익을 원한다면 수익형 부동산에 도전해보라.

연구소 연구원 중에는 가정주부로 시작해 지금은 임대 사업으로 월세 1000만 원을 넘게 벌고 있는 사람도 있고, 아직 30대 중반의 나이에 억대 연봉을 버는 젊은 아빠도 있다. 개인 사업을 하면서 노후 준비를 위해 안정적인 월세가 필요해 수익형 부동산에 투자했다가 월세를 500만 원 넘게 받는 사람도 있다.

경험과 공부를 통해 자신만의 투자법을 만들어라

공부를 계속하다 보면 본인에게 맞는 투자법, 좋아하는 물건, 지역 등이 생기기 마련이다. 여러 가지 경우의 수를 생각해보고, 전문가들의 투자법을 통해서 자신만의 투자 원칙을 만들어가야 한다. 차익형 부동산과 수익형 부동산 중에 무엇이 더 중요하다거나 중요하지 않은 것은 아니다. 다만 본인이 부동산으로 수익을 올리고 싶다면 무언가 행동해야 한다는 것이다. 공부하고, 분석하고, 투자하고, 행동해야만 투자 수익을 올릴 수 있다.

투자 수익은 가만히 앉아 있는다고 올라가는 것이 아니다. 새로운 것에 대한 위험을 감안하고 도전해서 얻어내는 결과물이다. 아무것도 안 하고 부자가 되었다는 사람을 본 적이 있는가? 무언가 행동해야만 얻을 수 있다. 그 행동을 처음부터 할 수는 없다. 이 책에서 나온 방법대로 작은 습관을 만들어가야 한다. 신문을 읽고, 메모하고, 책을 읽고, 많은 경험을 통해서 투자할 수 있는 배짱이 생기고 행동할 수 있는 것이다.

세미나를 진행하는데 일산에서 온 40대 중반의 남자가 '무언가 새롭고 특별한 것을 기대하고 왔는데 다 알고 있는 내용'이라며 거들먹거린 적이 있다. 자기계발 책을 열 권 읽어보면 공통점을 알 수 있다. 결국은 다 같은 내용이다. 자기 관리를 잘해야 성공할 수 있고, 자기 관리는 시간 관리며, 시간 관리는 습관에서 나온다. 평범한 내용이지만 성공한 사람들은 이를 실천한다. 그러나 가난한 사람들은 핑계만 늘어놓는다. 알고 있는 것과 행동하는 것은 하늘과 땅 차이이다. 알고 있으면서 행동하지 않으면 성공할 수 없다.

부동산 투자의 5가지 원칙

TIP

1. 공부하고 또 공부하라

세상은 내가 아는 만큼만 볼 수 있다. 급변하는 시대에 노후를 대비하려면 철저한 준비를 통해 현금 흐름을 만들어야 한다. 그러려면 수익형 투자가 답이다.

2. 매매 차익보다는 현금 흐름이 중요하다

오늘 사서 내일 파는 시세 차익형 투자는 앞으로는 큰 수익률을 기대하기 어렵다. 안전한 임대 수익이 나오는 곳에 투자를 하고 여유 있게 매도 시점을 기다려야 한다.

3. 대출을 이용할 수 있어야 한다

초보자들은 대출 비율이 높으면 무조건 위험한 투자라고 판단한다. 저금리 시대에는 대출을 활용한 투자가 유리하다. 시장 상황이나 경기에 따라 때때로 공격적인 투자를 하는 것이 부를 쌓는 지름길이다.

4. 임대 수익이 높은 부동산에 투자하라

개발 호재가 있는 지역, 소형 평수, 역세권, 일자리가 풍부한 지역을 찾아 투자하라. 정부나 자치 단체의 도시 개발 계획을 참고하여 큰 그림에 따라 투자를 하면 손해 보지 않는다. 이를 위해 현장에 나가 열심히 발품을 파는 것도 감을 잡는 데 많은 도움이 된다.

5. 행동하지 않으면 무용지물이다

아무리 입지 분석을 철저하게 하고 준비한다고 한들 실제로 움직이지 않으면 아무 소용이 없다. 정확한 타이밍을 읽고 과감하게 용기 내어 투자할 수 있어야 부동산 부자가 될 수 있다. 그러한 용기와 행동은 경험에서 나온다.

주거용 부동산 투자는 안전하고, 상업용 부동산 투자는 수익률이 좋다

부동산 투자 초보자에게는 주거용 부동산이 안전하다

초보자가 처음부터 상업용 부동산에 투자하기는 그리 쉽지 않다. 일단 일반 주택보다 투자 비용이 많이 들어가는 부담이 있다. 자금도 자금이지만 본인이 감당할 만큼의 크기를 초과하기가 쉽다. 이제 엉금엉금 기어가는 아기가 뛰어다니겠다는 것과 다르지 않다. 부동산 투자를 처음 할 때는 주거용 부동산에서 시작해 하나둘씩 배우고 익혀가는 자세가 필요하다. 주거용 부동산은 적은 비용으로 투자해 경험을 쌓아갈 수 있으므로 위험 부담이 적다.

예전에 상가 분양을 잘못 받아 집안이 거덜 난 경우를 많이 보았다. 남들이 좋다고 따라가서 분양 업체의 말만 믿고 투자한 경우는 대부분 뼈아픈 경험이 뒤따른다. 분양 상가는 신중히 접근하길 바란다. 막상 상가를 열면 분양하는 업체가 내세운 수익률에 못 미치는 경우가 많다. 조금 비용이 들더라도 상가가 정상적으로 활성화된 다음에 약간의 웃돈을 주고서라도 안전하게 접근하는 편이 초보자에게는 더 나을 수 있다. 물론 경험이 많이 쌓이고 시장을 보는 눈이 생긴다면 '이 상가는 된다, 안 된다'를 금방 알 수 있을 것이다. 그러나 그렇게 실력을 쌓으려면 오랜 시간과 다양한 경험이 필요하다.

주거용 부동산 투자의 종류

① 아파트

그럼 먼저 간단히 주거용 부동산을 짚고 넘어가 보자. 주거용 부동산은 아파트, 빌라, 다가구 주택, 오피스텔, 상가 주택 등이 있다. 일반적으로 주거용 부동산 가운데 아파트의 수익률이 가장 떨어진다. 그렇지만 안전 자산으로서 높은 점수를 줄 수 있고 환금성 면에서도 좋다. 아파트는 수익형 부동산이라기보다는 차익형 부동산으로 적합하다. 다른 주거용보다 월세 수익률이 떨어지는 단점이 있지만 시간이 지나 가격 상승 요인이 많은 점이 특징이다. 그러나 모든 아파트가 그런 것은 아니다. 미래 가치를 염두에 두어 투자 지역을 선택할 필요가 있다.

② 빌라

빌라는 요즘 인기가 뜨겁다. 아파트 가격이 많이 올라 주거비 부담을 느낀 수요층이 대거 빌라로 발길을 돌리고 있다. 또 수익률도 좋은 편이다. 월세 수요가 풍부하고 비용이 부담스럽지 않은 장점이 있어서 신혼 부부나 젊은 직장인들의 수요가 늘어나고 있다. 개발 호재가 있는 지역이라면 전세 투자도 괜찮다. '갭 투자'라고도 하는데 전세 비율이 높은 주택을 전세 보증금으로 집값의 80퍼센트 이상을 대체하는 투자법이다. 내가 투자하는 비용을 최대로 줄이고 전세를 활용한 투자법이다.

③ 오피스텔

오피스텔은 아파트보다는 가격이 저렴하고 관리가 편한 장점이 있다. 오피스텔은 역세권 위주로 투자를 해야 한다. 그런데 오피스텔 분양권 매입은 신중하게 선택하기를 바란다. 오피스텔은 입주한 다음에도 가격 변동이 거의 없는 것이 특징이다. 분양권을 매입하나 입주 후에 매입하나 가격이 같다면 미리 사놓을 필요는 없다.

④ 상가 주택

상가 주택은 많은 사람들이 바라는 투자 물건이다. 최상층에 거주하면서 아래층에서 월세를 받을 수 있어 1석 2조의 효과를 거둘 수 있기 때문이다. 내 집 마련과 수익을 동시에 추구할 수 있는 장점 때문에 점점 많은 수요층이 생겨나고 있다. 기존에 살고 있는 주택이나 아파트를 처분해 상가 주택을 신축하고 월세로 노후 준비를 하는 방법이 있다. 상가 주택 개발을 대행하는 업체들도 있다. 일정 금액의 수수료를 받고 개발을 대행한다. 설계 및 시공 업체 선정부터 대금 지급까지 모든 과정을 관리한다. 건물 신축에 대해 잘 모르는 일반인을 대상으로 금융을 기반으로 한 부동산 종합 서비스를 시행한다.

⑤ 게스트하우스와 셰어하우스

'에어비앤비'는 미국에서 시작된 주택 공유 사이트로, 빈 방을 여행자에게 빌려주고 사용료를 받는다. 사이트에 여행지를 선택하고 원하는 옵션을 지정해 검색하면 방이나 집을 검색할 수 있다. 날짜와 금액을 확인하고 예약하면 전 세계 어느 나라, 어느 도시든 예약이 가능하다. 이런 공유 사이트가 늘어나면서 우리나라도 집이나 방을 공유해 수익을 올리는 사람들이 늘고 있다.

여행객들을 위한 게스트하우스가 있다면 여러 사람이 한집에 사는 셰어하우스도 있다. 1인 가구가 늘어나면서 퇴근 후 썰렁한 빈집에 들어가기가 싫은 사람들을 위해 생겨났다. 한집에서 여러 개의 방을 각기 다른 사람들에게 임대해주고 부엌과 샤워실, 화장실 등을 함께 사용한다.

투자 경험이 있다면 수익률이 높은 상업용 부동산에 투자하라

나는 상업용 부동산이 주거용 부동산보다 수익률이 높아 상업용 부동산을 선호하는 편이다. 또 상업용 부동산은 주거용 부동산보다 대출도 많이 나오고 임차인들이 상업용으로 사용하는 것이라 일반 가정보다 월세가 덜 밀린다. 주거용 부동산의 수익률이 3~4퍼센트 대라면 상업용 부동산의 수익률은 5퍼센트가 넘는다. 대출을 활용하면 10퍼센트가 넘게 차이 나는 경우도 많다.

상업용 부동산이라면 상가나 오피스 건물 등을 들 수 있다. 저금리를 이용한 부동산 투자가 늘어나면서 땅값이 오른 지역의 꼬마 빌딩과 상가 등이 인기를 끌고 있다. 은행에 저축을 해봐야 이자가 얼마 되지 않는다. 어느 정도 자산을 모은 분들은 은행을 잘 활용해서 수익을 극대화한다.

부동산 투자를 할 때 투자 금액 전부를 내가 가지고 있는 자금으로만 매입한다는 생각은 버려라. 은행을 잘 활용하면 물건을 바라보는 범위가 상당히 넓어진다. 은행에서 대출을 해주는 기준은 간단하다. 이 사람이 대출금에 대한 원금과 이자를 잘 갚을 수 있는지 여부다. 부동산 담보 대출이긴 하지만 대출을 받는 채무자의 소득과 신용도에 따라서 대출의 범위와 금리가 결정된다. 은행을 잘 활용하는 것이 부동산 투자의 고수로 가는 길임을 명심하자.

부동산 투자의 조건, 개인 신용도 관리법 TIP

부동산 투자를 원한다면 개인 신용을 잘 관리해야 한다. 개인 신용도는 은행에서 대출해주는 기준이 된다. 개인 신용도에 따라서 은행의 대출 한도가 결정되고 금리가 결정된다. 돈을 빌려주는 은행으로서는 돈을 빌려가는 채무자의 신용도를 객관적인 데이터로 관리하고 평가한다. 주로 은행 거래 실적, 신용카드 사용 수준, 타은행과 거래한 내역 등을 통해서 개인 신용도를 확인한다. 개인 신용도 관리법에서 가장 중요한 3가지를 알아보자.

1. 현금 서비스를 받지 않는다

현금 서비스는 단돈 10만 원을 받아도 3개월 동안 기록이 남는다. 아무리 신용이 좋아도 현금 서비스만으로 6등급으로 떨어진다. 현금 서비스는 아무리 급해도 받지 마라.

2. 금리가 비싼 카드 대출을 삼간다

신용 카드론을 알리는 문자나 전화가 많이 온다. 카드론처럼 돈을 쉽게 빌리는 경우도 없을 것이다. 전화로 10분이면 통장에 입금을 해준다며 서민들의 주머니를 털고 있다. 은행 입장에서는 저 사람이 오죽하면 높은 금리의 카드론을 사용할까 싶어 신용등급을 바로 떨어뜨리는 것이다.

3. 이자, 핸드폰, 세금 등이 연체되지 않도록 한다

금융권 및 관공서에 들어가는 서류 중 빠지지 않는 서류가 있다. 바로 국세, 지방세 완납 증명서다. 이것은 나라에 세금을 미납한 것이 있는지를 확인하는 증명서다. 홈텍스나 민원24, 세무서에서 발급받을 수 있다. 이렇게 세금을 미납하면 나라에서 보증하고 받을 수 있는 정책 자금이나 창업 자금 등을 받기가 어렵다. 아울러 은행권의 개인 대출도 안 나온다. 은행 이자나 핸드폰 연체 등의 기록도 은행에서 관리하는 지표 중 하나이니 세심하게 신경 쓰자. 모든 연체는 신용 관리의 적이다.

상속 가능한 부동산에 장기 투자하라

단기 투자는 2년은 보유해야 세금 혜택이 있다

"보유할 것인가? 팔아야 할 것인가?"

"단기 투자냐? 장기 투자냐?"

이 두 가지는 부동산 투자 시 항상 고민하는 부분이다. 기준을 만들어보자. 보유하면서 장기 투자를 할 것인가? 아니면 수익이 나온 상태면 매도하고 시세 차익을 실현할 것인가? 이것은 매수할 때부터 결정하고 매입하기 바란다.

상담 중 꼭 물어보는 질문이 있다.

질문 : "어떤 목적으로 구입하시는 것입니까?"

답변 : "시세 차익도 좋고, 월세도 받고, 이도저도 아니면 제가 들어

가 살려고요!"

이런 마음가짐이 가장 나쁘다. 시장 조사를 철저히 해서 월세를 놓을 것인지, 전세로 투자를 할 것인지 처음부터 구도를 잘 잡고 움직여야 한다. 세입자가 풍부한 지역인지, 미래 가치는 충분한 곳인지 등을 잘 분석하고 매입해야 한다.

부동산에서 단기 투자를 하려면 기본 2년은 보유해야 세제 혜택이 있다. 소자본 투자자라면 단기 투자로 목돈을 불려가는 방법을 선택한다. 여러 개의 물건을 확보하여 자산의 규모를 늘려가면서 차익형 수익을 만들어내는 것이다.

한편으로 부동산 투자는 쌈짓돈이 있어야 할 수 있다. 자본이 넉넉하지 않다면 경매나 부실채권을 공부해보기 바란다. 경매는 적은 비용으로 물건을 매입할 수 있다. 그래서 젊은 직장인들이 많이 도전한다. 경매를 모르고는 부동산으로 돈 벌 수 있는 경우의 수를 하나 잃고 가는 것이나 마찬가지다.

부실채권을 NPL(Non-Performing Loan)이라고도 한다. 요즘 한창 뜨는 재테크 방법이다. 어렵지 않게 공부할 수 있다. 실질적으로 투자를 위한 공부가 된다면 충분히 성공할 수 있는 재테크 분야다.

장기 투자는 시간이 지날수록 가치가 높아진다

물건에 따라서 본인의 상황에 맞추어 변화를 주어 투자해야 한다. 그렇지만 되도록 물건을 고를 때부터 미래 가치를 생각해두는 장기 투자를 권하고 싶다. 자금에 여유가 있고 목표한 금액이 만들어지면 장기 투자에 관심을 갖고 투자 계획을 바꾸는 것이 좋다.

그렇다면 장기 투자는 얼마나 보유하는 것일까? 앞서 부동산의 가치는 미래 가치에 있다고 이야기했다. 미래 가치란 시간이 지날수록 가치가 높아지는 부동산에 투자하는 것이다. 늙거나 죽은 후에도 부동산은 남아 있고, 집이 낡으면 새롭게 변신할 수 있다. 또 한 가지 중요한 것은 부동산 투자 시 상속이 가능한 물건인지 아닌지를 기준으로 삼는다.

지금 당장 돈이 될 것 같은 부동산에 투자하는 사람들이 많다. 이슈가 되는 지역의 입주권 등을 매입해 단기간에 프리미엄을 받고 파는 투자도 있다. 그러나 이런 방식은 한두 건 수익을 올릴 수는 있겠지만 오랜 기간 수익을 가져오는 시스템을 만들 수는 없다. 장기적인 안목으로 한 번 만들어놓은 수익 구조가 변하지 않고 나에게 수익을 가져다주는 시스템을 만드는 일에 온 힘을 다해야 할 것이다.

본인 상황이나 시장의 흐름에 따라서 카멜레온처럼 변화를 주는 투자를 해야 한다. 다른 사람의 투자 방식이 나의 투자법이 될 수는 없다. 어느 정도 수준이 되면 자신만의 투자 원칙을 만들어야 한다. 지금은 부동산 시장의 흐름상 가격이 오르는 시점이 아니다. 부동산을 여럿 보유해서 사고팔며 수익을 올릴 수 없다. 지금은 확실한 부동산을 보유하고 있어야 한다.

그럼 어떤 것이 확실한 부동산일까? 요즘은 매달 월세가 나오는 수익형 부동산이 좋은 물건이다. 그러려면 임차 수요가 풍부해야 한다. 임차인이 대기하고 있으면 좋다. 그러나 그런 경우는 드물다. 한두 달 이내에 임차인을 맞추면 임차 수요가 풍부한 것이다. 임차 수요가 풍부하다는 것은 월세 가격을 받쳐주는 것이다. 월세 가격이 받쳐준다는 것은 매매가를 받쳐준다는 것이므로 임차 수요는 부동산 시장에서 중요한 역할을 한다. 임차인으로 살아갈 것이냐 임대인으로 살아갈 것이냐의 선택은 각자의 몫이다.

요즘 뜨는 부동산 투자의 트렌드 TIP

1. 부동산 투자는 쌈짓돈이 있어야 한다. 경매와 부실채권(NPL)은 쌈짓돈으로 투자하기에 좋아 젊은 층이 선호하는 투자법이다.
2. 경매란 돈을 빌려주고 받을 돈이 있는 사람이 나라에 대신 돈을 받아달라고 요청하는 것이다.
3. 부실채권이란 3개월 이상 원금과 이자가 연체된 돈을 받을 권리를 매입해서 수익을 올리는 투자법이다.

재개발과 재건축은 무엇이 다른가

재개발보다는 재건축이 사업성이 좋다

재개발 사업은 기반 시설이 불량한 지역에서 도시 기능 회복을 위해 공원, 도로 등의 기반 시설을 건립하고 주거 환경을 개선하는 사업이다. 일반적으로 지역 인프라가 없어서 새로 다시 만드는 것을 말한다. 서민 계층과 세입자의 보상을 위해서 '공익사업을 위한 토지 등의 취득 및 보상에 관한 법률'을 준용하여 일부 보상 규정을 두고 있다.

반면 재건축 사업은 보상 규정을 두고 있지 않다. 세입자 이주 등에 따른 보상을 해야 한다면 소유주인 조합원이 자신의 비용을 지불해야 한다. 강남의 저층 아파트는 아파트만 새로 짓는 것이지 지역 인프라는 다 되어 있다. 이와 같은 방식이 재건축이다.

재개발과 재건축은 지역마다 차이가 있다. 이번 장에서는 재개발과 재건축의 전반적인 차이와 함께 개념 파악에 초점을 맞춘 내용을 추가로 정리했다. 재개발이나 재건축은 매입한 시점에 따라 수익이 달라지는데, 재건축이 재개발보다는 사업성이 좋다. 재개발은 비용이 많이 든다. 반듯하게 도로도 새로 만들어야 하고, 지역 기반 인프라가 없으므로 사업 비용이 재건축보다 많이 들어 수익률이 떨어진다. 하지만 이제 전국적으로 저층 재건축 아파트의 개발이 거의 마무리 단계라 재건축도 예전처럼 높은 수익을 기대하기 어렵다.

예를 들어 1억 원을 가지고 재개발 지역의 빌라를 전세 끼고 투자했다고 가정해보자. 건물이 노후해서 전세 가격을 올려 받지 못하는 상황에 개발 시기가 늘어져 10년 만에 아파트가 완공돼서 1억 원의 수익을 올렸다고 가정한다면 1년에 10퍼센트의 수익률을 기록한 것이다. 수익형 부동산으로 1년에 10퍼센트의 수익률을 올릴 수 있는 것들은 많다. 그것도 10년 안에 개발되었을 때 이런 수익도 가능한 것이다. 예전처럼 정보가 어둡고 알지 못했던 시절이 아니기에 조금만 신경 써서 찾아보면 알 수 있는 내용들이다. 재개발은 시간이 돈이다. 여유 자금이 있을 때 투자하는 것이 맞다.

재개발 투자는 사업 시행 인가를 기준으로 한다

재개발은 사업 시행 인가 전후에 투자해야 한다. 사업 시행 인가는 나라에서 아파트를 지어도 된다고 최종 허가를 내어준 상태를 말한다. 물론 가격은 이 구간까지 오면 많이 오른 상태다. 이 시점에서 매입하는 금액과 주변 신축 아파트와 가격을 비교해서 예상 수익을 확인하고 기간 대비 수익률을 뽑아서 투자해야 한다. 기간 대비 수익률이 비용 대비 다른 지역의 수익형 부동산보다 떨어진다면 투자할 이유가 없다.

앞에서 이야기했던 대로 부동산의 기초 체력을 기르고, 부동산 가격의 기준을 세우고, 투자 대상 지역을 넓혀가고, 현장 조사를 하고, 시세 파악을 해야 하는 이유다. 비교를 통해서 더 안정적이고 수익률이 높은 지역에 투자해 투자 수익을 극대화해야 한다. 막연히 '누가 그러는데……' 하면서 따라 하지 말고 주변의 전문가들을 잘 활용하자.

Part 4

수익형 부동산의 종류별 투자 전략을 알아보자

아파트 투자 전략

아파트는 안전하고 환금성이 좋다

아파트는 가장 인기 있고 보편적인 부동산이다. 또 안전하고 환금성이 좋은 것이 장점이다. 단점은 구입 비용이 많이 들어 수익형 부동산으로서는 수익률이 떨어지는 점이다. 아파트의 투자 방식은 차익형 부동산에 더 적합하다. 아직도 많은 사람들이 아파트에 관심을 갖고 아파트를 투자 대상으로 선택한다. 그러나 월세를 받아 생활하려면 아파트보다는 다른 부동산으로 월세를 받는 편이 수익률이 높다. 아파트는 철저히 차익형 부동산으로 투자해야 한다.

아파트의 투자 기준을 정리해보면 다음과 같다. 첫째로 접근성이 좋아야 한다. 지하철역이나 버스 정류장이 걸어서 7분 이내에 있어야 한다. 부동산의 기본은 사람이므로 사람이 많이 다닐 수 있는 곳을 선택해야 한다.

둘째로 진학률이 좋은 학군에 있어야 한다. 학교가 많다고 학군이 좋은 것은 아니다. 명문대학교를 많이 보내는 고등학교 학군에 있어야 한다. 요즘은 유치원부터 친구들과의 모임이 시작된다. 유치원부터 초등학교, 중학교, 고등학교까지의 모임이 이어지고 있다. 좋은 인맥을 만들기 위해 유치원부터 신경 쓰는 것이 요즘 현상이다.

셋째로 소득 수준이 높은 곳이 좋다. 소득 수준이 높은 곳은 일자리가 많다. 일자리가 많다는 것은 그만큼 소비 여유가 있다는 이야기다. 여유가 있는 곳에서 임대업을 해야 공실이나 월세가 밀리지 않는다.

넷째로 1000세대 이상의 대단지를 노려라. 세대수가 많은 곳은 편의 시설을 잘 갖추고 있다. 또 주변 환경이 쾌적하고 다수의 주민들이 집값을 받쳐준다.

다섯째로 강이나 호수, 산, 공원 등의 조망권이 있는 아파트를 노려라. 앞으로는 자연환경이 좋은 지역과 조망권의 가치가 높아진다. 아파트 단지나 층에 따라 조망권이 달라지고 프리미엄도 차이가 많이 난다.

2014년부터 2015년까지 부동산 가격이 전국적으로 상승했다. 그때 많은 사람들이 부동산 시장에 관심을 갖고 투자를 했다. 투자를 하지 못한 사람들은 가격이 너무 많이 올랐다며 2년 후인 2018년에 부동산 폭락이 있을 것이라는 소문을 듣고 그때 투자하겠다고 한다. 그렇다면 2013년에는 왜 투자를 못했을까?

이 책의 독자들 가운데는 2013년에 투자를 해서 큰 수익을 올린 사람이 있을 것이다. 이렇게 수익을 올렸던 사람은 2014년과 2015년에 더 많은 부동산을 매입해서 더 큰 수익을 올렸을 것이다. 부동산 투자는 시장이 좋다는 소식이 들려왔을 때는 수익을 올리기가 힘들다. 왜 그럴까? 부동산을 매입할 수 있는 마음의 준비가 안 되어 있기 때문이다. 그나마 배짱이 있는 사람은 누군가의 말을 듣고 과감하게 투자했을 것이다. 그렇지만 안정을 추구하고, 변화를 두려워하고, 세상을 계획대로만 사는 사람은 아무것도 못하고 시간만 보낼 것이다. 모든 것을 자신이 알아서 확인해야 하고 직접 보고 느껴야 하는 사람들은 쉽게 결정을 내리지 못한다.

그럼 어떻게 해야 할까? 답은 지금부터 미리미리 준비해야 한다. 서두에서 이야기했던 내용을 따라 하면서 본인이 과감히 투자할 수 있는 마음의 준비와 세상의 흐름을 볼 수 있는 안목을 키워나가야 한다.

요즘은 강남 재건축 아파트가 한국의 부동산 가격을 이끌고 있다. 지금 시점에서는 강남 재건축 아파트를 제외하고는 아파트의 가격 상승을 기대하기는 어렵다. 여러분들이 보유하고 있는 부동산의 가격은 당분간 오르지 않을 것이다. 그렇다고 보통 사람들이 강남 재건축 아파트에 투자하기란 쉽지 않다. 소수인 일부의 자본가들만이 강남 아파트에 투자할 수 있는, 이런 불안한 시장에서 투자하는 방법은 미래 가치가 있는 지역의 안전한 부동산에 장기 투자하는 것이다.

또 지방 아파트는 철저히 일자리가 뒷받침되는 곳에 투자해야 한다. 일자리가 없는 곳에는 사람이 모이지 않는다. 2015년에 인구 유입이 많았던 지방 10개 도시 중 세종시, 제주시, 나주시, 원주시, 완주시, 김천시, 진주시 등 6곳은 공공 기관이 옮겨 간 혁신 도시다. 공공기관이 옮겨가고 산업 단지가 형성된 지역으로 선택과 집중의 투자가 필요하다.

아파트 투자의 5가지 기준

TIP

1. 사람들이 많이 다니고 모일 수 있는 접근성이 좋은 지역
2. 좋은 학군이 있는 지역
3. 소득 수준이 높은 지역
4. 1000세대 이상의 대단지
5. 자연 경관이 좋은 조망권이 있는 아파트

수익형 부동산으로서 아파트 투자의 요점 정리

1. 환금성 – 상, 안전성 – 상, 수익성 – 하
2. 소형 아파트 위주로 수익형 부동산에 투자하라.
3. 학군, 대중교통, 주변 인프라를 고려해 투자하라.
4. 아파트 투자는 많은 자금이 필요한 반면 수익률이 떨어진다.
5. 차익형 부동산으로 적합하다.

빌라 투자 전략

빌라는 아파트보다 수익률이 좋다

다세대와 연립 주택을 통상 빌라라 부른다. 연립 주택의 정의는 4층 이하고, 건축 연면적 660제곱미터 이상의 건물을 말한다. 다세대는 4층 이하고, 건축 연면적 660제곱미터 이하의 건물을 말한다.

연립 주택	4층 이하로 건축 연면적이 660제곱미터 이상이다.
다세대 주택	주인이 여러 명으로, 세대별 등기가 가능한 4층 이하의 공동 주택. 건축 연면적이 660제곱미터 이하다.
다가구 주택	주인이 한 명인 임대 주택으로 3층 이하, 건축 연면적이 660제곱미터 이하다. 총 가구 수는 19가구 이하다.

연립 주택, 다세대 주택, 다가구 주택의 정의

빌라의 인기가 뜨겁다. 아파트 가격이 많이 올라 주거비에 부담을 느낀 수요층이 대거 빌라로 발길을 돌리고 있다. 빌라는 수익률이 높은 장점이 있다. 또 임차 수요가 풍부하고, 가격이 저렴하다. 신혼부부나 젊은 직장인들이 수요층이라 월세 수요도 풍부하다. 빌라는 적은 비용으로 월세 수입을 올릴 수 있고 약간의 시세 차익도 가능하다. 빌라의 특징은 차익형 부동산이라기보다는 수익형 부동산에 가깝다.

처음 부동산 투자를 시작하는 사람들이라면 빌라에 관심을 가져보자. 경매나 일반 매매를 통한 수익형 부동산으로 접근하기에는 아파트나 상가보다는 가격 부담이 덜하기 때문이다. 그러나 한편으로는 빌라에 대한 편견이 아직도 많다. 예전의 빌라는 주차 공간이 협소하고 승강기와 같은 편의 시설이 부족해서 환금성이 떨어지고 가격이 오르지 않는, 살 때부터 감가상각이 시작되는 부동산이었다.

그러나 지금은 상황이 다르다. 주거 비용이 늘어나면서 빌라는 아파트의 대체 주거 부동산으로 자리매김하였다. 또 1~2인 가구가 늘어나 원룸과 투룸의 수요도 증가해 전세에서 월세로 부동산 흐름이 바뀌었다. 수익형 부동산 투자자에게 새로운 기회가 열리고 있는 것이다. 매입 가격도 아파트보다 저렴하다. 임대료는 원룸 기준으로 보증금 500~1000만 원에 월세 50만 원 전후다.

실투자 금액 2000~4000만 원이면 대출을 활용해 10퍼센트 전후의 임대 수익을 올릴 수 있다. 더불어 지역 선택을 잘하면 추가 지가 상승에 따른 시세 차익도 챙길 수 있다. 수요층의 증가로 환금성이 좋아진 점과 정부의 주택 임대 사업자 양성화 정책도 투자 수요를 넓히는 계기가 되었다.

빌라에 투자할 때는 지역을 잘 선택해야 한다. 상담을 하다 보면 본인이 살고 있는 지역에 투자를 하고 싶어 하는 분들이 많다. 그렇지만 빌라라도 다 같은 빌라가 아니니다. 지역과 위치에 따라 공실 위험을 줄이고 지가 상승이 가능한 곳에 투자해야 한다.

빌라 투자의 핵심 포인트는 다음과 같이 정리할 수 있다. 첫째로 교통이 좋아야 한다. 빌라는 젊은 신혼부부나 사회 초년생, 1인 가구 사용자들이 많다. 젊은 세대들이 쉽게 접근할 수 있고 출퇴근이 가까운 지역이 좋다. 또 신혼부부라면 유치원부터 시작하는 친구 관계에 신경 써야 하며 학군까지도 염두에 두어야 한다.

둘째로 신축 빌라에 투자하는 것이 좋다. 월세를 내야 하는 세입자로서는 외부 디자인이 고급스럽고, 승강기와 CCTV 등 보안이 잘되어 있고, 편의 시설을 잘 갖춘 곳에서 살고 싶어 한다. 오래된 빌라보다는 신축 빌라에 투자하여 세입자의 관심을 끌어야 한다. 또 신축 빌라는 구입 시 세제 혜택이 있어 투자자들에게는 좋은 기회다. 정부에서 취득세 면제와 종합 부동산세 등에서 세제 혜택을 일시적으로 확대하고 있기 때문이다.

셋째로 내부의 편의 시설에 투자해야 한다. 에어컨, 침대, TV, 냉장고, 세탁기, 책장, 옷장, 수납장 등과 같이 소소한 살림살이가 풀 옵션으로 들어가 있고, LED 조명과 정수기 등과 같은 편의 시설을 완비했다면 공실 위험이 줄어든다.

넷째로 개발 호재가 있는 지역을 선택한다. 개발 계획과 공공 기관 이전, 산업 생산 시설 입주 등과 같은 호재가 있는 지역은 일자리가 늘어나는 지역이다. 그곳에 근무할 근로자들을 대상으로 투자 지역을 좁혀간다.

다섯째로 주변 편의 시설을 잘 갖춘 곳이 좋다. 혼자 생활하는 젊은 층은 집에서 밥을 해먹지 않는다. 집 밖에 편의점과 식당, 커피숍 등이 있는 지역이면 주택가보다 회전율이 빠르다. 사람이 많이 왕래하는 지역이 수요가 많은 지역이다. 젊은 수요층의 변화를 잘 감지하자.

여섯째로 사무실이나 대학교와 같은 임차 수요가 풍부한 도심 지역이 좋다. 조용한 주택가를 벗어나면 시끌시끌한 먹자골목과 대학교, 사무실 등 배후 주거지가 있는 곳이 금상첨화의 지역이다.

빌라 투자 시 주의 사항

TIP

1. 수익형 부동산은 원룸이나 투룸 등 소형 평수에 투자한다.
2. 불법 건축물이 있는지 확인한다. 베란다 불법 확장에 따른 이행 강제금 부과 등의 행정 처분을 받을 수 있기 때문이다.
3. 근린생활시설 빌라(근린생활시설을 주택으로 불법 개조한 것)와 같이 불법으로 용도 변경을 하여 주택으로 사용하고 있는지를 확인한다.
4. 신축 빌라의 경우, 건물 하자 보수 발생 시에 사용할 수 있는 시공비 3퍼센트 하자보수금 예치나 서울보증보험과 건설공제조합의 보험증서로 대체해 하자보수금을 확보한다.

신축 빌라 투자의 요점 정리

TIP

1. 환금성 – 중, 안전성 – 상, 수익성 – 상
2. 역세권이나 임차 수요가 풍부 지역에 투자하라.
3. 수익형 부동산 투자에 유리하다.

오피스텔 투자 전략

오피스텔은 분양가 이상으로 가격이 오르지 않는다

사람들이 가장 만만하게 생각하는 것이 오피스텔 투자다. 오피스텔의 수익률은 아파트보다는 높고 빌라보다는 낮다. 아파트보다 가격이 저렴하고 관리실에서 건물 관리를 하므로 이것저것 투자자가 신경 쓸 게 비교적 적다. 관리 회사에서 건물 관리를 하므로 관리가 편한 반면 관리 비용이 많이 든다. 또 전용률이 낮아서 관리 비용이 면적 대비 아파트보다 많이 나온다. 빌라와 비교하면 가격이 비싸고 관리 비용이 많이 들어 임차인의 비용 부담이 높아진다. 임차인이 지불하는 비용이긴 하지만 임차인의 부담은 공실률과 상관이 있다. 임차인이 없는 임대인은 있을 수 없는 점을 명심하자.

오피스텔 투자의 핵심은 유동 인구가 많은 역세권에 위치한 물건이어야 하는 점이다. 오피스텔에 투자할 때는 지하철로 도보 5분 이내에 있는 초역세권으로 제한한다. 지하철역에 바로 붙어 있는 오피스텔만을 투자 대상으로 좁혀라.

저금리 시대에 마땅한 투자처가 없어 오피스텔에 많은 수요가 몰리고 있다. 분위기에 휩쓸리지 말고 정확한 상권 분석을 통해서 안전한 지역에 투자해야 한다. 오피스텔은 철저히 수익형 부동산이다. 웬만해서는 분양가 이상으로 가격이 오르지 않는다. 오피스텔은 핵심 지역에서 공실 없이 매달 월세를 받는 것이 최대의 장점이다.

투자 시에는 무엇보다 원금 손실이 없어야 한다

오피스텔과 유사한 형태의 집합 건물 중 서비스 레지던스와 분양형 호텔 등이 있다. 이들도 수익형 부동산으로 유명 관광지 주변에서 분양 공고를 볼 수 있다. 위탁 관리를 맡기고 관리비와 인건비 등을 제외하고 나머지 수익을 배당하는 형태다.

제주나 속초 등에서는 호텔을 많이 분양한다. 호텔은 관리 회사의 운영 능력 등이 수익률 향상에 영향을 미친다. 연 12~15퍼센트의 확정 수익으로 분양 모집을 한다. 분양이 끝나고 정상 운영을 하면서 기존 분양자들에게 실제 지급되는 수익률이 나오는지 확인한 후에 투자하기를 권한다.

부동산 투자에서는 얼마를 벌었나보다는 원금 손실이 없어야 한다. 투자금을 잃지 않으려면 꼼꼼한 준비로 성공 확률이 높은 쪽에 투자해야 한다. 소프트뱅크의 창업자 손정의 회장은 새로운 사업에 투자할 때

70퍼센트의 성공 확률이면 과감히 투자한다고 말했다.

"모든 사안을 가장 높은 곳에 올라 멀리 보고 세부적인 것까지 꼼꼼하게 점검한 뒤 승률이 70퍼센트가 넘을 때 싸움에 임한다."

부동산을 접하는 많은 분들이 되새겨 볼 만한 글이다.

오피스텔 투자의 요점 정리

TIP

1. 환금성 - 중, 안전성 - 중, 수익성 - 중
2. 초역세권이나 소형 평형 위주로 투자하라.
3. 관리가 편한 점이 장점이다.
4. 임차인의 주거 비용(관리비) 부담이 크다.

다가구 주택 투자 전략

다가구 주택은 노후 대비용으로 좋다

다가구 주택은 중년들의 로망이다. 다가구 주택은, 주로 1층이 상가로 되어 있고 2 · 3 · 4층은 주택으로 되어 있다. 상부 층은 거주를 하고 아래층에 세를 놓아 거주와 수익률 추구를 동시에 하는 장점이 있다. 주인이 거주하고 있으므로 건물에 문제가 발생했을 때 빠르게 대응할 수 있다. 내가 소유한 부동산을 매일매일 눈으로 확인할 수 있는 것은 행복한 일이다. 비용이 많이 들고 다수의 임차인을 관리해야 하는 단점이 있으니 사회 경험이 풍부하거나 임대 사업을 해본 사람이 접근하는 게 좋다.

위치에 따라 1층 상가에서 많은 월세를 받을 수 있다. 다가구 주택은 보통 대로변이 아닌 주택가에 있다. 따라서 주택 골목 상권이나 지하철 역세권, 시장 주변, 학교 주변, 아파트 주변 등이 좋은 지역이다. 수도권보다는 지방으로 갈수록 수익률은 높으나 공실의 위험도 함께 높아진다.

다가구 주택 투자는 기존 건물을 매입하거나 땅을 사서 건축하기도 한다. 단독 주택을 허물고 새로 건물을 지어 임대 사업으로 전환하거나, 노후 다가구 주택을 매입해 리모델링하거나 신축하기도 한다. 또 건축업자들이 신축 건물을 지으며 통매각하는 경우도 있다.

다가구 주택 역시 입지가 중요하다. 지방이라면 인근 주변 상권을 확인해야 한다. 누누이 말하지만 부동산의 기본은 사람이다. 얼마나 많은 인구가 먹고, 자고, 일하고, 놀고, 쉬는지에 따라 부동산의 현재 가치와 미래 가치가 결정된다.

기존 상권이 확장되는 지역도 좋은 투자처다. 중심 상권에서 길 하나 차이로 떨어진 곳에 위치한 물건들이다. 기존 상권보다 보증금과 월세가 낮게 형성된 물건들이 상권의 확장으로 가치가 오르기도 한다. 발품을 팔아 많은 물건을 보고 다니며 미래 가치를 내다볼 수 있는 안목을 키우는 시간이 필요하다.

다가구 주택 투자의 요점 정리 TIP

1. 환금성 – 하, 안전성 – 상, 수익성 – 중
2. 업무 지역 배후나 주거 밀집 지역에 투자하라.
3. 투자 금액이 많이 들고, 관리 문제가 부담 요소로 작용한다.

상가 투자 전략

상가 투자는 부동산 고수들에게 안성맞춤이다

상가 투자의 기본은 현재 임차인이 운영을 하고 있으며, 계약한 월세가 제대로 납입되고, 월세가 적정선으로 형성되어 있는지가 중요하다. 상가 투자는 비교적 고수들이 한다. 처음부터 잘못 투자했다간 집안 말아먹기 딱 좋다는 말이 있다. 가격이 비싸므로 장사가 안 되고 공실이 생기면 매각을 할 수도 없기 때문이다.

분양가 대비 30퍼센트 할인하여 분양하는 광고도 많다. 신축 빌딩이나 신규 아파트 등은 상가 분양을 통해 높은 수익을 올린다. 그만큼 가격이 비싸고 위험 요소가 많다. 다행히 장사가 잘되어 임차인이 꾸준히 월세를 잘 내고 공실 없이 돌아간다면 좋겠지만 세상이 내 마음 같지 않다. 분양 상가는 더욱 조심하고 신중을 기해야 한다.

요즘 스트리트형 상가가 유행이다. 시행사에서 상가의 콘셉트를 정하고 입주 업종을 선택해 MD 구성을 한 이후 입주사를 선정하면 그나마 성공 확률이 높다. 편의점, 커피숍, 부동산, 제과점 등이 기본으로 들어가고 단지 규모에 따라 호프집, 식당 등으로 구성되어 있다. 이처럼 소비자들이 한곳에서 편의 시설을 즐길 수 있는 공간으로 만들기 때문에 성공 확률이 높다. 그렇게 상가는 혼자만의 노력으로 상권이 형성되는 것이 아니어서 어려움이 크다. 기본 세대수가 있는 아파트 상가에 적정 규모의 상가 비율이 들어가야 과잉 공급으로 인한 피해를 줄일 수 있다.

상가나 업무용 부동산의 취득세는 주택 대비 많게는 4배 이상 차이가 난다. 취득세가 4.5퍼센트이므로 쉽게 사고팔기에는 눈에 보이지 않는 비용이 많이 발생한다.

상가 투자의 요점 정리 TIP

1. 안전성 – 임차인이 현재 운영 중인 수익형 부동산을 선택하라.
2. 수익률 – 매입가 대비 수익률 분석을 철저히 하라.
3. 상속 - 상속 가능한 물건에 투자하라.

업무 시설 투자 전략

업무 시설 투자 지역 선택 시, 개발 계획을 눈여겨보라

업무 시설에 투자할 때는 지역 선택을 우선으로 해야 한다. 대표적 업무 지역은 각 지역의 중심지로 자리 잡고 있어, 상업 시설과 같이 동종 업체가 몰려 있는 특화된 지역을 추천할 만하다. 업무 시설은 서울을 예로 들어 살펴보고, 지방에 사는 분들도 이 책에서처럼 지역 분석과 개발 계획을 통해 대표적인 업무 지역에 집중하길 바란다. 이런 지역이여야 풍부한 임차인들이 있어 공실 위험을 최소화할 수 있다.

새로운 상업 공간이 발생하면서 주택이 아니라 사무 공간이 인기를 끌고 있다. 상암, 마곡, 수서 등에 새로운 개발 계획이 발표되면서 주택 가격뿐만 아니라 상가와 오피스 건물까지도 가격 상승이 가파르다. 서울을 중심으로 본다면 대표적인 업무 지역인 강남의 테헤란로와 강북의

광화문, 서북쪽의 여의도가 대표적인 업무 밀집 지역이다. 지금은 '서울시2030도시계획'에 따라 많은 상업 지역이 생겨나고 기존 상권에 활력을 넣고 있다.

상암 지역은 안정 단계에 들어선 느낌이다. 방송 콘텐츠 위주의 상암 DMC의 안착은 인근 마곡 지구에까지 영향을 주었다. 마곡은 바이오산업 단지로 특화되어 있다. 서울에 마지막 남은 넓은 대지를 개발하는 것이다. 상암 지구의 오피스텔 공급이 부족해 마곡 지구는 오피스텔 허가를 많이 내주어 과잉 공급의 우려가 있다는 보도도 나온다.

수서와 문정 지구는 잠실과 강남의 접근성을 강점으로 뜨겁게 달아오르는 지역 가운데 하나다. 송파대로를 중심으로 제2롯데월드, 가락 농수산 시장 현대화 사업, 문정 법조 타운 등 굵직한 개발 호재가 이 지역을 강타하고 있다. 또 수서역으로 KTX가 개통되면 새로운 상권의 부활을 예상할 수 있다.

서남권의 구로 및 가산디지털역 주변으로 형성된 산업 단지도 눈여겨볼 만하다. 이곳은 노후한 산업 단지를 재생 사업을 통해 새롭게 변신시켜 전국 산업 단지의 롤모델이 되고 있다. 구로디지털역과 가산디지털역을 중심으로 한 이 지역은 1, 2, 3단지로 조성되어 있다. '산업 직접 활성화 및 공장 설립에 관한 법률' 아래에 운영되는 특별한 지역이다. 입주 업종에 제한이 있고, 산업 단지 공단에 입주 업체 등록 및 말소 등의 신고 과정을 거쳐야 한다.

성수동과 뚝섬 일대, 문정 지구 일대, 마곡 지구 일대, 영등포구 일대에도 지식산업센터가 자리한다. 다른 지역은 산업 단지에 속하지는 않지만 정부의 지원을 받는다. 산업 활동 기반 시설 확충이라는 정부 지침에 따라 취득세와 재산세 감면 혜택 등과 같은 인센티브를 주고 있다. 개인사업자나 중소기업을 운영하는 업체라면 산업 단지로 진출하는 것을 적극 추천한다. 편의 시설, 주차 시설, 냉난방 시설이 잘되어 있고 아파트와 같은 쾌적한 업무 시설을 활용할 수 있다. 근무 여건이 좋아 직원들의 만족도도 높다. 회사를 방문하는 바이어들에게 믿고 거래할 수 있는 좋은 첫인상을 남길 것이다.

지식산업센터는 업무를 하는 곳이므로 교통 접근성이 중요하다. 지하철역 주변으로 걸어서 출퇴근하는 직원들의 동선과 찾아오는 손님들에게 설명하기 좋은 위치에 있는 곳을 선택한다. 전화로 위치를 설명할 때 "지하철 몇 번 출구 몇 백 미터입니다"라고 한 번에 설명할 수 있는 위치가 좋다. 우회전, 좌회전 등의 설명을 곁들이면 찾아오는 사람은 힘들다. 지식산업센터에서 수익률 높은 투자처를 찾아보자.

업무 시설 투자의 요점 정리

TIP

1. 접근성 – 대중교통과 주차 시설
2. 전문성 – 동종 업종 밀집 지역 선택
3. 차별성 – 테마가 있는 지역에 투자

Part 5

틈새 투자 전략이 부동산 고수를 만든다

나 홀로 아파트라고 해서 모두 투자 가치가 없는 것은 아니다

주변에 대단지를 끼고 있는 나 홀로 아파트를 찾아라

나 홀로 아파트는 대단지 아파트보다는 가격이 저렴한 장점이 있다. 실거주용으로도 좋고 투자 대상으로도 좋다. 주변의 대단지 아파트가 있는 나 홀로 아파트를 찾아보자. 대단지의 편의 시설을 이용할 수 있고, 대단지 주변의 상권 발달로 유동 인구가 항상 넘쳐난다. 대중교통 접근성이 좋고 학군이 좋은 곳이면 더더욱 좋다. 전세가가 올라가고 월세 전환이 높아진 상황이라 나 홀로 아파트의 투자 수익은 더욱 좋아질 것이다. 이런 여러 가지 상황을 갖춘 곳의 나 홀로 아파트 가운데 가격이 저평가된 아파트를 찾아 나서야 한다.

무조건 나 홀로 아파트라고 투자 가치가 없는 것이 아니다. 열심히 발품을 팔아 다녀야 좋은 물건을 만날 수 있다. 물론 자금력이 있다면 군이 나 홀로 아파트가 아니어도 좋다. 본인의 자금 상황에 맞게 투자 물건도 달라져야 한다. 살고 있는 지역에 나 홀로 아파트가 있는지 살펴보자. 관심을 갖고 찾아본다면 쉽게 찾을 수 있을 것이다. 부동산에 들어가 매매가와 전세가, 월세 가격을 알아보자. 단지가 큰 아파트의 가격을 알아보고 비교해보기 바란다.

대단지 아파트와 가격을 비교해보고 임차 수요를 예측해보는 것도 중요하다. 세입자로서는 가격 대비 또는 평수 대비해서 나 홀로 아파트에 입주해야만 하는 이유가 있어야 한다. 대단지 평수 24평형의 가격으로 나 홀로 아파트 34평에 거주해 주거 환경을 좋게 한다거나, 전세 난민으로 더는 전세 자금을 올려줄 수 없을 때 나 홀로 아파트로 넘어온다. 또 학군의 영향도 빼놓을 수 없다. 중·고등학교 6년을 거주하는 가정들이 타깃이다. 전세 투자나 반 전세, 월세 등 경우의 수를 비교해서 수익률을 각기 분석하고 원하는 수익률이 나오면 그때 과감히 투자한다.

공부는 이렇게 하나씩 발로 뛰어서 하는 것이다. 혼자 책만 봐서는 절대 투자를 할 수도 없고 성공할 수는 더더욱 없다. 지식만 중요한 게 아니다. 지식을 지혜로 활용하고 행동할 수 있는 결단력과 용기가 더욱 중요하다. 공부를 공부로만 끝내지 말고 결실을 얻기 위한 실질적인 투자로 이어가야 한다.

광진구의 나 홀로 아파트 투자 사례

나는 결혼 후 분가를 위해 2008년에 나 홀로 아파트를 매입했다. 당시 매입 가격은 2억 8500만 원이었다. 주변 대단지 아파트의 같은 평형은 4억 8000만 원으로 2억 원 정도 가격 차이가 있었다. 학군이 우수하고 지하철 5호선으로 도보 1분 거리에 있는 저평가된 아파트였다. 당시 전세금 1억 5000만 원과 일부 대출을 받고, 현금 4000만 원으로 매입했다. 실거주 목적이었고, 그때만 해도 나는 부동산에 전혀 관심이 없었고 잘 알지도 못했다.

자가로 사용하다가 2014년 첫 전세 보증금으로 받은 금액이 3억 4000만 원이었다. 전세금이 매입한 금액을 넘어서서 그동안의 대출 이자와 비용을 모두 회수했다. 2016년 세를 놓으며 받은 전세금은 4억 7000만 원이었다. 주변의 대단지 아파트는 같은 평수가 7억 8000만 원 수준으로 올랐고 이 물건도 6억 원의 시세가 형성되었다.

지역을 확정하고 물건이 정해지면 자금에 맞추어 투자하면 된다. 그 당시 나의 자금 수준은 대단지 아파트를 구입할 상황이 못 됐다. 자금 여유가 있었다면 상황이 달라질 수도 있었을 것이다. 하지만 최소한의 금액으로 투자한 만큼 위험도 적었다. 월세를 받아도 되지만 이 물건보다 더 높은 수익률을 얻을 수 있는 곳이 있었기에 리모델링을 한 후 전세를 놓았다. 이곳은 지금도 가격이 계속 오르고 있다. 주변에 공원이 생기고 개발 계획이 잡혀 있어 당분간 강세를 이어갈 것이다. 이 사례는 전세로 돌리며 종잣돈을 마련하여 수익형 부동산에 재투자한 경우다.

강동구 암사동의 나 홀로 아파트 갭 투자 사례

강동구 암사동에 있는 나 홀로 아파트를 전세 끼고 투자하면 어떠냐고 상담 신청이 들어왔다. 강동구는 강남 3구에서 강남 4구로 불릴 만큼 호재가 많은 곳이다. 이곳도 암사역 인근에 대단지 아파트가 있고 주변에 나 홀로 아파트가 여러 동 있다. 24평 아파트가 전세 끼고 4억 3000만 원으로, 현금 3000만 원이면 투자할 수 있는 지역이다. 전세 비율이 90퍼센트 가까이 나오는 곳이므로 투자 가치가 높다.

향후 8호선 연장 계획이 있고 강동 둔촌 아파트 재건축과 고덕 지구 이주 수요까지 겹치면서 이곳도 투자 유망 지역으로 꼽을 수 있다. 전세 만기 시 상승한 전세금으로 투자 원금 회수가 가능하고 3000만 원 이상의 목돈을 추가로 받을 수 있을 것이다.

빌라 투자 비용으로 나 홀로 아파트에 투자하라

빌라에 투자하는 비용이면 나 홀로 아파트에 투자할 수 있다. 그래서 월세가 아닌 전세 투자로 재계약 시 목돈을 받을 수 있는 갭(gap) 투자에는 나 홀로 아파트가 딱 좋다. 대단지 주변 시세 대비 한 단계 적은 평수 가격과 비교하면 된다. 예를 들어 대단지 아파트 34평과 24평이 있다면, 나 홀로 아파트 34평의 가격은 대단지 24평과 비슷하다.

나 홀로 아파트의 주 고객층은 대단지 34평 아파트에 살다가 전세금이 많이 올라 다른 지역의 작은 평수로 이사해야 하는 가구다. 이사를 하더라도 추가 비용 없이 같은 평수에 살 수 있으므로 수요층이 풍부하다. 또 작은 평수에 살던 가정은 자녀들이 크면서 넓은 평수의 아파트를 추가 비용 없이 살 수 있는 곳이라 이 또한 수요층이 풍부하다. 대단지 주변의 나 홀로 아파트를 노려보자.

갭(gap) 투자란?

TIP

갭 투자란, 간단히 말해 전세를 끼고 주택을 매입하는 것을 말한다. 최소한의 자금으로 주택을 매입하고 시세 차익까지 누릴 수 있다. 이런 갭 투자는 매매가 대비해서 전세 가격이 높은 지역일수록 많이 성행한다. 매매 시에 들어가는 잔금을 세입자에게서 받은 전세금으로 대치하는 방식으로 이루어진다.

그러나 갭 투자를 할 때 주의해야 할 사항이 몇 가지 있다. 첫째로 전세가율이 높다고 해서 항상 매매가가 오르는 것은 아니므로 잘 검토해보고 준비해야 한다. 둘째로 전세가 하락 시 분쟁에 휘말리지 않도록 매도인에게 전세 계약 서류를 잘 받아두어야 한다. 셋째로 1년에 여러 채를 매도할 때 양도세가 나오면 누진세가 부과될 수 있으니 잘 알아봐야 한다. 넷째로 원하는 시기에 매도가 이루어지지 않을 수도 있으니 주의해야 한다.

투자금이 적게 드는 상가 주택을 찾아라

살고 있는 지역을 중심으로 꼬마 빌딩을 찾아라

상가 주택은 다가구 주택과 함께 투자 비용이 많이 들어가는 물건이다. 보통 은퇴한 분들이 상가 주택 투자를 원한다. 주거도 하고 월세도 받을 수 있어서 대도시의 단독 주택들이 상가 주택을 지을 수 있는 대상지로 물색돼 단독 주택의 가격도 덩달아 강세다.

예를 들어 현금 5억 원과 은행 대출로 땅을 구입해, 공사는 건축업자에게 일임하여 시공 비용을 해결할 수 있다. 일부는 전세로 돌려 시공 비용을 감당하기도 하고, 여유가 있다면 시공 비용을 모두 정산하고 월세를 받기도 한다. 보통 원룸 기준 15개 정도이므로 월세가 총 700~800만 원 정도이니 은행 이자를 제외하고도 월 400만 원이 넘는 수익을 올릴 수 있다.

오래된 단독 주택이나 다가구 주택 등을 보유한 분들이 집을 매도하고 나가기도 하고, 그런 집을 매입해서 투자하는 사람도 있다. 단독 주택이나 다가구 주택을 보유한 사람이라면 개발 업체를 찾아 상담을 받고 본인의 자산 가치를 더 높일 수 있는 방법을 찾아야 할 것이다.

강남의 5층짜리 꼬마 빌딩을 매입한 사례

강남의 꼬마 빌딩을 매입한 지인의 이야기다. 5층짜리 상가 주택을 구입해 신축을 통해 수익을 올린 경우다. 청담동 이면 도로에 붙어 있는 상가 주택을 총 33억 원에 매입했다. 현금 3억 원과 보증금, 나머지 금액은 대출을 활용했다. 대출 이자는 월세를 받아 충당하기에 충분했다. 1년 보유 후 신축을 통해 7층 건물로 탈바꿈했다. 신축 건물이라 임차도 금방 맞췄다. 매매 가격도 매입 금액과 공사 비용을 제외하고도 100퍼센트 넘는 수익을 올렸다.

이분은 이런 물건을 1년 넘게 찾아다녔다. 남이 벌면 쉽게 번 것처럼 보이지만 수많은 시간과 노력으로 만들어낸 결과물이다. 상가 주택이나 다가구 주택처럼 거주를 하면서 월세도 받아 노후 생활을 준비하려 해도 비용이 많이 들어 일반인은 접근하기가 어렵다. 이분은 본인의 신용을 적극 활용해 적은 비용으로 꼬마 빌딩을 매입할 수 있었고 전면 공사를 통해서 수익을 극대화했다.

3층짜리 상가 주택 상담 사례

이번에는 3층짜리 상가 주택의 경우다. 2015년 면목동에 있는 후배가 운영하는 카페를 방문했다. 잘 다니던 직장을 그만두고 새롭게 창업의 길로 들어선 후배는 생계를 위해 카페를 열었고 대학원과 집필, 강연 등으로 바쁜 나날을 보냈다.

이면 도로를 끼고 있고 대로변에서 30미터 안쪽에 위치한 이 카페가 임차한 3층짜리 상가 건물이 눈에 들어왔다. 후배에게 이 건물의 가격을 부동산에 알아보고 2층과 3층의 전월세 가격을 조사해보라고 했다. 이런 건물은 차후에 충분히 인수할 수 있다며 후배에게 상담을 해주었다. 1층은 카페로 사용하고, 2층은 공장, 3층은 자가 사용이 가능한 구조였다. 카페에서 나오는 수익 구조를 활용하고 은행 대출을 위해 신용을 잘 관리해서 2~3년 후에 이 건물을 매입하는 것으로 이야기했다. 추가 자금 1억 원 정도면 충분히 인수할 수 있는 물건이었다. 2년 후 후배는 그 상가 건물을 인수해서 꼬마 빌딩의 주인이 될 것이다.

투자처는 멀리 있지 않다. 생활하는 지역을 투자 대상으로 눈여겨봐야 한다. 먼저 내가 살고 있는 지역부터 관심 있게 둘러보자. 어떤 가게가 새로 생기는지, 어떤 브랜드가 들어오고, 어떤 종류의 점포가 들어오는지, 들고 나는 점포를 보면서 유행하는 아이템을 알 수 있다. 어떤 브랜드와 업종들이 유행인지를 느낄 수 있어야 한다. 세상은 빠르게 변한다. 빠르게 변하는 세상에 대처하는 방법은 우리도 빠르게 변하는 것이다. 많이 보고 느끼고 기존의 삶을 바꾸기 위해 노력해야 세상을 따라갈 수 있다.

도시형 생활 민박으로 부수입 올리기

전 세계에 부는 공유 열풍

한류 열풍이 세계를 강타하고 있다. 가수와 드라마로 시작한 한류 열풍이 화장품으로 번지기 시작하면서 한국 문화에 대한 관심으로 퍼져나가기 시작했다. 한국에서 유행하는 음식과 문화 체험도 세계적으로 함께 뜨고 있다. 한국을 세계에 알리고 좋은 이미지를 심어주는 문화 강국으로 성장하기를 기대해본다.

많은 관광객이 서울로 찾아오면서 숙박 시설의 부족은 어제오늘 나온 이야기가 아니다. 정부에서도 부족한 숙박 시설을 확충하기 위해 '도시형 생활 민박'을 허가해주고 있다. 홍대와 연남동 일대와 교통이 편리한 경복궁과 명동 등 공항 접근성이 좋은 지역을 중심으로 많은 관광객이 찾아온다. 이들 지역의 관광객을 대상으로 숙박 공유 사이트를 활용하여 수익을 올릴 수 있다.

도시형 생활 민박으로 허가를 받아 본인이 살고 있는 공간 중 방 한 칸을 관광객들에게 빌려주고 수익을 얻는 방법이 있다. 주로 '에어비앤비'라는 숙박 공유 사이트를 통해서 어렵지 않게 관광객을 모집하고 있다. 공유하려는 숙박 시설의 사진과 위치, 금액 등을 올려놓으면 한국을 방문하려는 관광객들이 검색을 통해서 미리 숙박 시설을 확인하고 예약해서 사용하는 사이트다. SNS의 발달로 서울뿐 아니라 전국의 관광지에는 이런 주택 공유 시설이 늘어나고 있다. 기존의 주택을 잘 활용하면 도시형 생활 민박으로 높은 수익을 올릴 수 있다.

아직까지 우리나라에서는 공유의 개념이 보편화되어 있지 않고 사업화하기에도 법적인 제한이 많다. 하지만 이러한 세계적 흐름을 무시할 수는 없다. 정부도 시민도 변해야 한다. 최근 오피스텔의 숙박 공유를 불법으로 한다는 정부 발표가 있었다. 따라서 오피스텔보다는 나 홀로 아파트나 도시형 생활 주택인 원룸을 이용한 접근이 필요하다.

도시형 생활 민박 신청 서류 TIP

도시형 생활 민박 신청은 관할 구청 문화체육과에 신청해야 한다.

1. 신청서
2. 신분증

3. 부동산 소유권이나 임대 서류

4. 시설 배치도 및 사진, 평면도

5. 주민등록등본

6. 기본 증명서

7. 건축물 대장

8. 주민 동의 서류

이상의 서류를 준비해서 수수료 2만 원과 함께 신청할 수 있다.

공유 사무실, 섹션오피스에 투자하라

오피스텔보다 인기 있는 섹션오피스

1~2인 가구를 위한 소형 주택이 인기다. 아파트와 오피스텔, 빌라 등도 소형 평형이 가격과 인지도에서 인기가 높다. 업무 시설인 오피스 건물도 소형 평수가 유행이다. '섹션오피스(section office)' 또는 '셰어오피스(share office)'라고 부르기도 한다.

대형 평수의 공간을 매입하거나 임대해 소형 평수의 사무 공간으로 분할하여 임대하는 방식이다. 한두 명의 적은 인력으로 창업하는 젊은 이들을 위한 맞춤 사무실이다. 100평의 공간을 10개의 사무 공간으로 나누어 임대를 하기도 하고, 전체를 업무 공간과 휴식 공간 등으로 구분하여 인테리어를 하고 필요한 공간만큼만 임대를 주는 형식으로 구분할 수 있다.

강남을 중심으로 카페 분위기로 인테리어를 한 1~2인 창업자들을 위한 업무 공간들이 늘어나고 있다. 기존의 소형 임대 사무실과는 차별화한 느낌이다. 사무실도 공유의 대상이 되었다. 지정된 자리 없이 그날 그날 앉고 싶은 자리에 앉아 일하기도 한다.

이처럼 낡은 생각으로는 상상도 할 수 없는 일들이 일어나고 있다. 자동차 공유 사이트 '우버(www.uber.com)', 숙박 공유 사이트 '에어비앤비(www.airbnb.co.kr)', 사무실 공유 사이트 '위워크(www.wework.com)' 등으로 우리는 실생활에서 많은 변화를 느낄 수 있다. 이런 소형 사무실은 대형 사무실보다 수익률을 높일 수 있는 장점이 있다. 큰 평수를 한꺼번에 임대한 경우 평당 임대료가 5만 원이면 소형 평수 임대료는 50퍼센트 이상 더 받을 수 있다.

수익률을 높이는 만큼 위험 부담도 있다. 한 회사만 관리하면 되는 것을 여러 회사를 관리해야 하는 점이다. 소규모 회사들은 들고 나는 일이 많아 공실에 대한 위험도 크다. 소형 사무실을 많이 찾는 지역을 선택해야 하며 인테리어 비용도 많이 든다.

섹션오피스로 월세 800만 원 받은 사례

나는 2014년 여름, 150평짜리 상가를 매입했다. 평당 600만 원으로 전용 공간은 95평이었다. 이곳을 섹션오피스로 만들기로 했다. 넓은 공간을 여러 개의 사무실로 만드는 것이다. 인근 부동산에 계획을 설명하고 자문을 구했다. 하지만 돌아오는 대답은 부정적인 이야기뿐이었다.

"사장님, 이렇게 하면 안 됩니다. 그냥 세 놓으셔도 될 것을 굳이 이렇게 나누는 이유가 있으세요?"

"음, 일단 수익률을 높일 수 있고, 세계적으로 집도 차도 사무실도 공유하는 것이 유행이에요. 우리나라도 조만간 공유 사이트를 활용한 비즈니스가 활성화될 거예요. 아무도 시도하지 않았으니까 지금부터 준비해 시장을 선점하는 의미도 있지요. 저는 잘될 것 같은 확신이 드는데, 그렇게 자신이 없으세요?"

"꼭 그런 건 아니지만, 그래도 큰돈 들여 하는 건데 걱정돼서 그러지요. 저야 그냥 임차만 맞추면 되지만 사장님 생각해서 드리는 말씀이에요."

"고맙습니다, 그렇게 걱정해주셔서. 하지만 전 자신 있어요. 걱정하지 말고 임차만 빨리 맞춰 주세요."

그렇게 시작했다. 돈도 부족하고 자금 스케줄도 서지 않는 상황이었지만 머릿속으로 상상하던 일들을 현실로 만들 수 있다는 자신감으로 과감히 도전했다. 가계약금은 친구 두 명에게서 각각 500만 원씩 빌려 총 1000만 원을 만들었고, 잔금 일부는 대출을 활용하였다. 최종 잔금은 다른 물건의 보증금이 들어오는 시점으로 최대한 미뤄 날짜를 맞출 수 있었다. 2014년은 부동산 가격이 가파르게 오르던 시기였다.

지금도 좋은 수익형 물건은 주인을 오래 기다리지 않는다. 물건이 나오면 보통 주거래 중개소에 내놓는다. 중개소에서는 물건이 나오면 기존에 거래하던 대기자들에게 연락을 한다. 그럼 하루나 이틀 안에 물건을 보러 온다. 물건 가격이 크면 결정하는 데 시간이 걸리지만 물건 가격이 작으면 아무래도 접근이 쉬워 3일 안에 주인이 결정 난다.

고수들은 다르다. 투자 지역을 결정하고 그 지역 안에서 물건이 나오

섹션오피스 내부 사진

면 바로 가서 물건을 보고 가계약금을 넣고 본 계약 날짜를 잡는다. 길어야 하루 안에 모든 결정이 끝난다. 아무리 대기자 명단에 이름을 올려봐야 일반인들이 좋은 물건을 잡을 수 없는 것은 이 때문이다.

계약금을 준비하면서 은행 대출을 알아본다. 대출의 규모에 따라서 투자 금액이 결정되기 때문이다. 예를 들어 10억 원의 물건을 대출 없이 매입해 월세를 받으면 500만 원이다. 이때 수익률은 500만 원×12개월이므로 총 6000만 원이고 수익률은 6퍼센트다.

이번엔 대출을 60퍼센트로 하여 6억 원을 받고 실투자 금액 4억 원으로 500만 원의 월세를 받아 대출 이자 150만 원을 지불하고 350만 원의 수익을 올린다. 이때 수익률은 350만 원×12개월이므로 총 4200만 원에서 투자금 4억 원을 나누면 10.5퍼센트다.

대출 80퍼센트로 8억 원을 받는다면 실투자 금액이 2억 원으로 대출 이자 200만 원을 제외한 300만 원×12개월로 총 3600만 원이다. 수익률은 18퍼센트다. 이렇게 대출 금액에 따라 나의 투자 금액에 차이가 난다. 대출 없이 10억 원을 투자해서 연 6000만 원인 6퍼센트 수익률과 대출 60퍼센트와 4억 원을 투자해서 연 4200만 원인 10.5퍼센트 수익률, 대출 80퍼센트와 2억 원을 투자해서 연 3600만 원의 18퍼센트인 세 가지 수익률을 비교해보자.

이렇게 10억 원을 한곳에 투자했을 경우 연 6000만 원의 수익이라면, 같은 물건을 2억 원씩 5개에 투자하면 연 수입이 1억 8000만 원이다. 약 3배의 수입 차이가 있다. 이렇듯 저금리 시대에는 대출을 잘 활용해야 한다. 계속 이야기하지만 저금리 시대에 은행을 잘 활용해서 투자하지 않으면 부를 축적할 수 없다. 부동산 투자를 할 때 가장 중요한 것은 금융이다. 특히 수익형 부동산의 마지막 보루는 대출 한도와 금리다. 내가 결정할 수 있는 상황도 아니고 그때그때 정책에 따라 한도와 금리가 바뀐다.

그 다음에 인테리어 공사를 준비한다. 콘셉트를 잡기 위해 A4 용지에 수십 장을 그려보고 인테리어 미팅에 들어간다. 공사는 해달라는 대로 해준다. 그러니 어느 정도 가이드라인을 제시해주어야 한다. 예를 들면 방을 몇 개로 만들 것인지, 크기는 얼마 정도로 할 것인지, 사무실 안에 방을 만들 것인지, 냉난방기는 어느 규모로 어디에 설치할 것인지, 바닥의 재료와 색상은 어떻게 할지, 벽지 종류와 색상, 전기와 인터넷은 어떤 위치에 설치할지 등 세세하게 선택해야 한다. 요즘은 몇 평 규모에, 어떤 콘셉트로, 어떤 재질로 할 것인지 시스템화되어 있어 시간과 비용을 절감할 수 있다.

그렇게 결정한 것이 방 11개를 4~10평 규모의 다양한 종류로 만들기로 했다. 공사 기간은 한 달 잡았다. 인테리어 비용으로 2년치 수익이 들어갔다. 하지만 아직도 그곳은 인기가 좋고 그 지역의 중심지로 자리를 잡았다.

매달 이곳에서 800만 원의 월세가 들어온다. 그때 투자 결정이 늦었다면 이런 기회를 잡지 못했을 것이다. 가격이 오르는 시점에 과감히 매입을 결정해 새로운 형태의 사업 모델에 뛰어들었다. 지금 생각해도 참 잘한 투자다. 그곳의 가격은 2년 만에 평당 200만 원이 올랐다. 약 3억 원의 시세가 오른 것이다.

매입 금액 : 8억 3000만 원

대출 금액 : 7억 3000만 원

보증금 : 8000만 원

월세 : 800만 원

대출 이자 : 200만 원

이자 공제 후 수익 : 매월 600만 원

실투자 금액 : 1억 5000만 원

수익률 : 48퍼센트

나는 이 한 건으로 1년 연봉을 만들었다. 하지만 처음부터 이런 물건을 내 것으로 만들 수는 없다. 자신의 자금과 경험의 크기에 맞는 것부터 시작해야 한다. 월세 1000만 원의 꿈은 그리 먼 것도 아니다. 뜨거운 열정으로 도전하고 또 도전하라. 도전하는 사람만이 달콤한 열매를 맛볼 수 있다.

섹션오피스란?

TIP

규모가 큰 업무용 빌딩을 잘게 쪼개 임대하는 것을 말한다. 섹션오피스 상품은 1층을 나누어 팔거나 1, 2개 층 단위로 분양하기도 한다. 일반 사무용 빌딩을 통째로 매각하는 것과 견주어 섹션오피스는 층별로 공간을 나누어 매각하므로 초기 투자 비용이 적게 든다. 그래서 다른 사무용 빌딩과 달리 투자 진입 장벽이 낮다.
또한 섹션오피스는 100퍼센트 업무용이므로 오피스텔처럼 방마다 화장실, 주방 등 업무에 불필요한 시설을 만들지 않아 공간 효용성이 높다. 그만큼 운용 비용이 적게 들어 임대도 수월하다.

Part 6

묻고 답하며 알아보는 부동산 투자의 비밀

자가를 버리고 월세로 옮겨 살면서 수익형 부동산에 투자하기

Q : 자가에서 전세로 옮겨 수익형 부동산에 투자하려고 합니다

인천 부평 금호 이수 마운트밸리 34평을 보유하면서 거주하고 있습니다. 매입 가격은 7년 전 2억 5000만 원이었고, 현재 시세는 3억 6000만 원에서 3억 8000만 원 사이입니다. 종잣돈 8000만 원을 합쳐서 전세 이사 후 차액으로 수익형 부동산에 투자하고 싶습니다.

A : 좀 더 공격적인 투자법은 월세로 살면서 수익형 부동산에 투자하는 것입니다

부동산 재테크에 관심이 많은 분이군요. 이런 투자를 실천하기가 쉽지 않은데 전화를 주었네요. 200퍼센트 이렇게 투자해야 합니다. 남편 연봉보다 더 많은 금액을 수익형 부동산으로 만들 수 있습니다. 어떤 물건에 투자하느냐, 얼마나 많은 노력을 하느냐, 어떤 사람을 만나느냐에 따라서 투자 결과에 많은 차이가 납니다.

부평구청역 쪽으로 가면 같은 평형대 아파트의 전세 가격이 2억 원 중반 정도입니다. 아파트를 알아보면서 월세 가격도 한번 알아보는 것이 좋습니다. 전세 가격 대비 월세 가격이 얼마나 나오는지를 살펴보세요.

한 가지 더, 좀 더 공격적인 투자법을 말씀드린다면 전세가 아닌 월세로 이사하는 방법도 있습니다. 처음 듣는 분들은 미친 이야기라고 생각할 수도 있습니다. 같은 평형대 월세는 보증금 5000만 원에 60~70만 원 정도 합니다. 전세 이사 시 차액이 8000만 원 포함해 2억 원이지만 월세로 이사하면 4억 원이 됩니다.

수익률을 보수적으로 8퍼센트로만 잡아도 320만 원, 월세 빼고도 250만 원의 추가 수익이 가능합니다. 같은 돈을 가지고 어떻게 활용하느냐에 따라서 가정의 수익 구조가 달라질 수 있습니다. 남편과 상의하고 세미나에도 자주 참석해서 부동산 재테크 공부를 해보기를 권합니다.

사업장 구입은 추가 지가 상승과 수익형 부동산으로 재테크 의미가 있다

Q : 시세가 저렴하고 교통이 편리한 지역의 아파트형 공장 문의합니다

아파트형 공장에 대해 문의합니다. 성남 쪽은 시세가 저렴한데 직원들의 교통이 불편하고 문정동은 너무 비싸 부담스럽습니다. 어떻게 하면 좋을까요?

A : 구로디지털역과 가산디지털역 주변을 추천합니다

아파트형 공장이 많이 몰려 있는 지역을 알아보는 것이 유리합니다. 서울에서 가장 대표적인 지역이 성수동, 문래동, 가산동과 구로디지털역 주변입니다. 일부 문래동과 영등포 지역에도 늘어나는 실정입니다. 성수동과 문래동은 준공업 지역에 설립하는 경우가 많아서 분양가 자체가 비싸게 형성되어 있습니다.

반면 구로디지털역 주변과 가산디지털역은 산업공단 지역이라서 다른 지역보다는 저렴한 편입니다. 구로디지털역이 먼저 개발되고 2호선 프리미엄이 있어서 가격이 더 높게 형성되어 있습니다. 가산디지털역 주변은 산업단지 범위가 훨씬 넓고 상대적으로 가격 경쟁력이 있습니다. 대림이나 문래, 성수동보다는 가격이 저렴한 편입니다.

교통편도 구로디지털역은 2호선, 가산디지털역은 1호선과 7호선의 더블 역세권으로 우수한 편이여서 직원들 출퇴근도 용이하고 가격적인 면에서도 이점이 있습니다. 가산디지털역에서 수출의 다리 쪽에 있는 건물로 살펴보면 좋을 듯합니다.

또 한 가지는 사업하면서 재테크에도 관심을 갖기를 권합니다. 월세 내는 비용으로 사업장을 구입할 수 있고 향후 지가 상승으로 추가 수익을 올릴 수 있습니다. 사업 정리 후에 수익형 부동산으로서도 충분한 가치가 있습니다. 사업하는 중소기업, 개인 소호 대표들도 부동산 재테크에 관심을 가져야 할 시기입니다.

상가 주택은 노후에 안정적인 자금 역할을 한다

Q : 수유동의 상가 주택을 매도해야 할지, 신축해야 할지 고민입니다

수유동에 1층 횟집, 2층 근린생활시설, 3층 주택으로 대지 90평인 상가 주택을 보유하고 있습니다. 보증금 1억 3500만 원에 월세 450만 원을 받고 있습니다. 12년 전에 12억 8000만 원에 매입했고, 현 시세는 15억 5000만 원입니다. 16억 원이 되면 팔려고 합니다. 매도할지 아니면 신축해야 할지 궁금합니다. 신축하면 수익성이 있는지도 궁금합니다.

A : 신축을 한다면 수익률을 꼼꼼히 따져 봐야 합니다

위치는 수유역에서 도보로 10분이 넘는 거리네요. 가장 큰 호재라면 우이 경전철이 개통을 앞두고 있는데 이 역이 수유역보다 더 가깝습니다. 세 가지 방법이 있습니다.

첫째로 신축하는 것입니다. 신축을 하려면 먼저 주변 신축 빌라의 2룸과 3룸 분양 가격을 조사해봐야 합니다. 건축사에게 부탁해 가도면을 떠보면 몇 가구, 2룸 몇 개, 3룸 몇 개의 설계 도면이 나옵니다. 이것으로 수익률을 분석해봐야 합니다. 추가 공사비가 얼마인지, 총 분양 금액이 얼마인지 따져 수익률을 분석해본 다음 결정해야 합니다.

둘째로 매각하고 다른 곳에 투자하는 방법이 있습니다.

셋째로 보유 전략입니다. 대로변을 끼고 있고 대지가 넓어 언제든지 개발 가능한 평수를 보유하고 있습니다. 월세도 생활하기에 부족함 없이 나오고 있기에 지가 상승으로 말미암아 보유 가격 상승분도 기대할 수 있습니다.

상가 주택은 노후를 보내기에 안정적인 자금 역할을 해줍니다. 무리하는 것보다는 정신적, 육체적으로 편안하게 지낼 것을 권합니다.

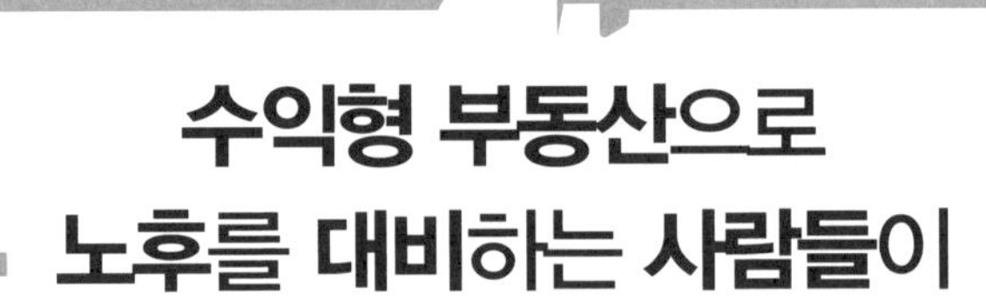

수익형 부동산으로 노후를 대비하는 사람들이 늘고 있다

Q : 의정부의 아파트를 매도해 수익형 부동산에 투자하려고 합니다

의정부 신곡동 장암지구 풍림아파트 24평에 거주하고 있습니다. 3년 전 1억 7000만 원에 매입했고, 시세는 2억 1000만 원입니다. 매도 후 여유 자금 3000만 원 합쳐서 수익형 부동산으로 갈아타려고 합니다.

A : 매도 후 수익형 부동산에 투자하세요

의정부 경전철 발곡역에서 도보 10분 거리에 있는 아파트네요. 회룡역을 통해 서울 진입이 가능하고 중랑천을 끼고 있어 산책과 자전거 등 친환경적인 요인들도 충분한 지역입니다. 전형적인 아파트 단지들로 이뤄진 지역입니다.

매도하고 수익형 부동산으로 노후를 대비하는 것이 좋습니다. 2억 원이면 대출을 조금 활용해 월 150만 원의 수익이 가능합니다. 연금 준비가 되어 있다면 전세 끼고 투자하는 방법도 있습니다. 방법은 여러 가지가 있으니 세미나나 강의를 통해 공부해 수익형 부동산으로 노후 준비를 하는 것이 좋겠습니다.

수익형 투자와 차익형 투자, 정확한 수치로 표현해 결과를 비교해본다

Q : 죽전 33평 아파트 전세 끼고 매수하려고 합니다

죽전 창우 현대아파트 33평, 전세 2억 5000만 원 끼고 매수하면 어떨까요?

A : 전세 끼고 투자하는 것은 수익형 투자가 아닌 차익형 투자입니다

전세 끼고 투자하는 방법은 '갭 투자'라고 불리는 차익형 투자법입니다. 세입자에게서 받은 전세 보증금과 자기자본 일부를 합쳐 아파트를 매입하는 방법으로, 전세 가격이 상승하는 추세일 때 2년마다 전세 보증금을 올려 받으며 수익을 올리거나, 아파트 매매 가격이 올라가면 매도해 수익을 올리는 차익형 투자법입니다. 따라서 갭 투자는 부동산 매매 가격이나 전세 가격이 올라야만 수익을 얻을 수 있습니다. 그래서 세입자가 풍부한 지역으로, 공실 위험이 없는 곳에 있는 아파트에만 투자해야 합니다.

실투자 금액으로 수익형 부동산에 투자했을 때와 비교해보세요. 향후 이 아파트의 가격이 올라서 수익형 부동산에 투자한 것보다 더 많은 수익을 올릴 수 있다는 판단이 들면 투자하고, 판단이 안 들면 판단할 수 있는 수치로 표현해본 다음 투자하기를 권합니다.

거주 비용을 줄여 수익형 부동산에 투자하라

Q : 복층 빌라 53평을 매도 후 수익형 부동산에 투자하려 합니다

오금동 복층 빌라 53평에 거주하고 있습니다. 20년 전에 3억 원에 매입했습니다. 매도 후 주거 및 수익형 부동산에 투자하려고 합니다.

A : 많은 사람들이 노후에는 큰 집을 줄여 수익형 부동산에 투자합니다

5호선 개롱역 도보 6분 거리입니다. 인근에 학교와 송파도서관, 오금공원, 성내천이 있습니다. 이 지역은 송파구의 핵심 지역은 아니지만 학군과 교통, 자연환경, 생활환경이 좋은 곳입니다.

20년간 같은 집에서 살았다면 그만큼 주변 환경이 마음에 들었다는 이야기겠죠. 그러나 나이가 들면 큰 집이 부담되는 경우가 많습니다. 요즘 추세는 소형 주택이 부동산 가격을 주도하고, 고령 사회에 접어들어서 노후 자금에 대해 신경을 많이 씁니다. 이것이 많은 사람들이 수익형 부동산에 관심을 두는 까닭이기도 합니다.

집 크기를 줄여 수익형 부동산에 투자하는 다운사이징이 요즘 트렌드입니다. 이번 기회에 거주에 들어가는 비용을 줄이고 나머지 자금으로 수익형 부동산에 투자할 것을 권합니다.

1억 원이면 월 80만 원 정도의 수익이 가능합니다. 연 10퍼센트의 임대 수익을 통해서 노후 자금을 확보해 생활한다면 더 윤택한 노후를 보낼 수 있습니다. 생각보다 더 중요한 것은 행동으로 옮기는 것이니 용기를 내보기 바랍니다.

수익률도 좋지만 임차 수요에 대한 분석과 공실률 관리도 중요하다

Q : 경기도 광주의 건물을 매도해야 하는지 궁금합니다

경기도 광주시 송정동에 대지 97평의 건물을 보유 중입니다. 지은 지는 10년 됐고, 2년 전 8억 5000만 원에 매입했습니다. 현 시세는 10억 원이 조금 넘습니다. 세대수는 15세대로 보증금 3억 8000만 원에 월세 380만 원 나옵니다. 매도해야 하는지 궁금합니다.

A : 목표 수익률에 도달했으니 매도 후 중심 상권으로 움직일 것을 권합니다

보증금을 빼고 실투자 금액이 5억 3000만 원으로 수익률은 8퍼센트가 조금 넘네요. 위쪽에 학교가 있고 완만한 경사로를 끼고 있습니다. 2년간 9120만 원의 월세와 지가 상승분 1억 5000만 원으로 2년간 약 2억 4000만 원의 수익을 올렸습니다. 실투자 금액 5억 4300만 원에 대비하여 44퍼센트, 1년에 22퍼센트가 넘는 수익률입니다. 아주 잘하셨습니다.

지금부터가 더욱 중요합니다. 경기가 안 좋아질수록 보유한 부동산의 가치를 제대로 평가받을 수 있습니다. 매매도 안 되고 임차인이 안 들어올 수 있습니다. 수익률도 좋지만 임차 수요에 대한 분석과 공실률 관리가 더욱 필요합니다.

이 물건은 목표 수익에 도달한 듯합니다. 불황이든 호황이든 건물이 낡고 남루해도 가치가 있는 물건들은 얼마든지 있습니다. 매도하고 이런 물건을 찾아 중심 상권으로 들어가서 투자할 것을 권합니다.

주거와 투자를 나눌수록 수익률은 올라간다

Q : 부천의 원미구 상가 주택을 매도하려 합니다

부천시 원미구 심곡1동 대지 56평의 상가 주택에 거주 중입니다. 20년 전 4억 3000만 원에 매입했고, 현재 시세는 평당 1300만 원 선으로 7억 3000만 원 정도입니다. 보증금 6000만 원에 월세 180만 원 받고 있습니다. 월세가 많이 나오지 않아 다른 지역으로 갈아타려 합니다. 매도 여부와 매도 시점이 궁금합니다.

A : 신시가지는 자리 잡으려면 시간이 오래 걸립니다

지하철 7호선 춘의역에서 도보 7분 거리입니다. 우측에 부천춘의 테크노파크가 있고 그 위쪽으로는 일반 공업단지가 조성돼 제조업 기반 시설이 있는 공단 지역입니다. 좌측으로는 이러한 공단 지역의 수요를 맞추기 위해 개발한 상업 지역과 주거 지역이 들어선 곳입니다. 이렇게 일자리가 있는 곳은 사람이 모이고 경제 활동이 활발히 이루어지면서 도시가 발전합니다.

일단 이 주택은 노후가 진행되고 있습니다. 다른 지역으로 갈아타는 것도 방법입니다. 다른 지역을 알아볼 때 일반 주택가 주변에 이곳처럼 일자리가 풍부한 곳이면 좋고, 초·중·고 학군이 형성된 곳 위주로 발품을 팔아보기 바랍니다. 신시가지는 자리를 잡으려면 시간이 오래 걸리므로 신중하게 접근해야 합니다.

마지막으로 주거와 투자를 나누는 방법도 생각할 것을 권합니다. 그래야 수익률을 극대화할 수 있습니다. 많이 돌아보고 미래 가치가 있는 지역에 투자할 것을 권합니다.

투자 초보자라면 소액 투자가 위험 부담이 적어 좋다

Q : 인천 남동구 만수동의 15평 아파트를 매수하려 합니다

인천 남동구 만수동 만수주공8단지 15평을 매수하여 월세를 받으려고 합니다. 시세는 9500만 원 선으로 보증금 1000만 원에 월세 30만 원 선입니다. 매수해도 될지 궁금합니다.

A : 실투자 금액 2000만 원으로 8퍼센트의 수익률이니 투자할 것을 권합니다

2016년 하반기 인천 지하철 남동구청역이 개통 예정인 곳으로 전형적인 아파트 주거 밀집 지역입니다. 1440세대의 소형 주택을 중심으로 하고, 1990년대에 입주한 아파트입니다.

대출을 60~70퍼센트로 활용하면 보증금 받고 실투자 금액 2000만 원이면 투자할 수 있는 물건입니다. 월세를 받아 이자를 제외하고 매달 15만 원씩의 수익이 가능합니다. 투자를 시작할 때는 이렇게 소액으로 해보는 것이 좋습니다.

2억 원이면 150만 원, 월 8퍼센트의 수익률이므로 도전해볼 만합니다. 이렇게 도전하면서 조금씩 조금씩 매월 월세를 쌓아가는 시스템을 1년에 하나씩 만든다면 10년이면 노후 준비는 끝나 있을 것입니다.

대형 평수의 아파트는 쉽게 매매되지 않는다

Q : 소래포구 근처의 48평 아파트, 매도해야 할까요, 말아야 할까요?

남동구 논현동 하나 에코메트로 9단지 48평 보유 중입니다. 수익형 부동산으로 돌리는 게 맞는지, 아니면 2년 정도 반전세로 돌리고 2년 후에 팔지 고민입니다. 현재 전세 2억 9000만 원(현 전세 시세 3억 8000만 원~4억 원)으로 2016년 3월 만기입니다. 2011년에 입주하였고 810세대입니다. 매입은 5년 전 5억 6000만 원에 했고, 현 시세는 5억 5000만 원~5억 6000만 원입니다.

A : 전세 만기 맞추어 매도 후 수익형 부동산에 투자하세요

물건 지역은 소래포구 인근 논현동입니다. 800세대가 대형 평수로 구성되어 있는 특징이 있습니다. 송도 국제 업무 지역와 배곶 신도시를 마주 보는 지역입니다. 전세 투자를 하시면서 차익을 보려 한 투자인데 생각만큼 가격 상승 여력이 없어 보입니다.

서울에서도 대형 평수는 매매가 쉽지 않습니다. 더욱이 인천 소래에서는 대형 평수에 대한 수요가 많지 않습니다. 지금이라도 매도하고 수익형 부동산으로 돌리셔서 수익을 올리시는 게 2년 보유하고 차익 바라는 것보다 더 높은 수익을 올릴 수 있습니다.

매도하고 2억 원의 자금과 함께 대출을 일부 활용하면 월 150만 원의 수익이 가능합니다. 수익형 부동산에 투자해서 2년이면 월세 3600만 원입니다. 지가 상승률을 10퍼센트로만 잡아도 5000만 원의 수익을 예상할 수 있습니다. 이 아파트가 2년 후에 5000만 원 오를 가능성을 생각한다면 판단에 도움이 될 것입니다.

신규 아파트 입주 시 브랜드 파워, 편의 시설, 자연환경도 중요하다

Q : 구의동 개발 지역의 신규 아파트를 분양받고 싶습니다

래미안 구의 파크스위트아파트를 분양 받고 싶습니다. 25평의 가격은 6억 원이고, 대출 1억 원을 받아야 합니다. 30평의 가격은 7억 원이고, 대출 2억 원을 받아야 합니다. 주변보다 비싼 편이고, 아이가 두 명이라 3룸으로 옮기려고 합니다. 향후 전망이 궁금합니다.

A : 실거주 목적의 아파트 입주 시 대출은 감당할 수 있는 수준이어야 합니다

구의동의 구의 시장 인근은 재개발 지역입니다. 5호선 아차산역과 2호선 구의역의 중간에 있습니다. 구의 정수사업소 인근을 개발할 예정이고요. 아차산과 어린이대공원을 앞마당처럼 사용할 수 있어서 자연환경이 좋은 지역입니다. 주변에는 테크노마트와 건대 롯데백화점 등이 있어 편의 시설이 양호합니다.

오랜만에 아파트 공급이 이루어지는 지역이라 이쪽 주민들의 기대가 큽니다. 가격은 주변 아파트와 비교하기가 쉽지는 않습니다. 삼성이라는 브랜드 파워가 장점이고 지하철역이 도보로 조금 먼 듯한 느낌도 듭니다.

광장동에서 살짝 비켜 있는 지역이라 광장동과 비교하기에도 무리가 있습니다. 그렇지만 신축 아파트 가격으로 이 정도 금액이면 주변 시세와 견주어 인정할 만한 금액입니다.

평형은 대출 이자를 감당할 수 있는 수준으로 받으셔야 합니다. 차후에 아파트 가격이 오르는 것을 기대하고 팔아서 갚을 생각은 마세요. 앞으로는 집 대출은 벌어서 갚아야 한다는 생각으로, 적당한 선에서 대출을 받아 구입하시라고 말씀드립니다. 매수해도 좋을 듯합니다.

내 집 마련보다는 수익형 부동산으로 노후를 준비하라

Q : 상도동의 빌라를 매도하려고 합니다

상도동의 빌라에 거주하고 있습니다. 10년 전에 1억 2000만 원에 매입했고 현 시세는 2억 3000만 원입니다. 매도하고 신대방 쪽으로 이사하려고 합니다.

A : 매도 후 분산 투자하는 것도 좋습니다

10년 동안 1억 1000만 원 올랐으니 1년에 1100만 원씩 수익을 올린 거네요. 만약 이 집을 2억 3000만 원에 매도한다고 가정한다면, 보증금 5000만 원에 월세 50만 원으로 지금 살고 있는 동일한 평형대의 주택을 구할 수 있습니다.

그리고 나머지 1억 8000만 원의 자금을 수익형 부동산에 분산 투자해서 월 140만 원 수익을 올릴 수 있습니다. 월세 50만 원을 제하면 한 달에 90만 원의 수익이 발생합니다. 1년이면 1080만 원, 10년이면 1억 800만 원입니다.

지금 사는 동일한 평형대의 집에서 매달 수익이 생기는 구조입니다. 꼭 내 집을 마련해서 살아야겠다는 생각보다 폭넓은 사고로 노후 준비를 한다고 생각하면 이렇게 결정할 수도 있습니다.

신규 아파트 공급이 많아지면 기존 아파트의 가격은 제자리다

Q : 김포 북변동의 아파트를 매도하려 합니다

김포시 북변동의 대우아파트 24평에 4년간 거주 중입니다. 매입 가격은 1억 3000만 원, 현재 시세는 1억 8500만 원입니다. 향후 전망이 궁금합니다. 다른 지역으로 갈아타는 것은 어떨까요?

A : 매도 후 차익형 투자보다는 수익형 투자를 권합니다

이 지역은 김포 중앙공원이 도보로 10분 거리에 있고, 일산대교로 일산이나 서울에 진입하는 것도 용이합니다. 김포시청과 세계문화유산으로 지정된 김포 장릉이 인근에 있습니다.

김포에는 풍무지구, 고촌지구, 한강 신도시 등이 계속 공급되고 있습니다. 신규 아파트의 공급이 많아지면 기존 아파트의 가격 상승은 쉽지 않습니다. 다른 지역으로 갈아탈 생각은 잘하신 것입니다.

차익형 투자보다는 수익형 투자를 권합니다. 현재 거주하는 아파트가 보증금 2000만 원에 월세 50만 원 정도 합니다. 만약 집을 팔고 월세로 이사한다고 가정하면 1억 6500만 원의 현금이 생깁니다. 이 자금으로 수익형 부동산에 투자하면 매달 나오는 월세 50만 원을 감당하고도 월 80만 원 정도의 추가 수입이 생깁니다. 차익형 투자만 생각하지 말고 다양한 경우를 생각해볼 것을 권합니다.

미분양 아파트가 돈이 되기도 한다

Q : 안산 고잔동의 미분양 아파트에 관심이 있습니다

안산 고잔동의 미분양인 현대아파트에 관심이 있습니다. 2018년 11월 입주 예정이고, 주변에서는 산업도시라 안 좋다는 의견도 있습니다. 실거주 목적입니다.

A : 미분양 아파트는 이주 시점에 구입하는 것이 좋습니다

안산은 산업단지 인근에 근로자들이 생활할 수 있도록 만든 도시입니다. 안산 왼쪽에는 인천 송도 지역이 있고, 옆으로 배곧 신도시가 있죠. 시화호 위쪽으로 반월시화공단이 자리하고 안산 쪽으로는 반월공단이 자리합니다. 근처에 송산그린시티 개발 현장도 있죠. 이처럼 산업공단을 중심으로 도시가 만들어지고 또 개발하고 있습니다.

이곳은 평당 1300만 원이고, 주변 아파트 시세는 평당 1000만 원입니다. 입주 시기의 미래 가치를 반영한 금액이죠. 안산에는 아파트가 많은데 그만큼 인구도 많아서 원하는 지역에 원하는 금액으로 언제든지 입주할 수 있습니다. 미리 구입하기보다는 이주 시점에 결정해도 좋습니다.

미분양 아파트가 돈이 되기도 합니다. 수익률을 분석하고 여러 지역을 돌아보면서 학군, 마트, 병원, 공원 등의 주변 환경 등을 고려해 미래 가치를 살펴보고 투자하세요. 현장을 많이 둘러보고 정확한 자료 분석이 필요합니다.

주변의 대단지 아파트가 받쳐준다면 나 홀로 아파트도 투자 가치가 있다

Q : 광진구의 아파트 매수를 고민 중입니다

서울시 광진구 광장동 나 홀로 아파트에 거주하고 있습니다. 시세는 5억 원 후반입니다. 전세 가격이 많이 올라 고민하고 있습니다. 매수하는 것은 어떨까요?

A : 교통, 학군, 자연환경, 편의 시설이 받쳐주는 곳이라 매수하는 것이 좋습니다

위치는 지하철 5호선 광나루역에서 도보 3분 거리입니다. 버스 정류장과 유기농 매장이 1분 거리에 있습니다. 위쪽으로는 아차산과 생태공원, 배수지, 체육공원, 구의 야구장 등이 있고, 광진 청소년 수련관과 정보 도서관 등이 우측 위쪽에 자리합니다. 뒤로는 아차산과 아래쪽으로는 한강이 흐르는 전형적인 배산임수 지역으로 자연환경과 생활 편의 시설, 학군도 잘 갖춘 지역입니다.

구리에서 나오는 버스가 이곳 광나루역을 지나서 강변역으로 이어지니 버스 교통편도 대단히 좋은 지역입니다. 강변역에는 대형마트와 극장, 쇼핑몰 등이 입점해 있어서 교통, 학군, 편의 시설 등 하나 빠지는 곳이 없는 지역입니다. 대표적인 중산층 아파트 단지여서 학구열이 굉장히 높고, 생활 수준이 광진구의 다른 지역과 비교해서 높은 편입니다. 이 지역은 학군 때문에 오른 가격을 받쳐주고 있습니다.

이곳 옆에 있는 대단지 아파트의 24평이 이곳 34평과 같다고 보면 됩니다. 가격 대비 넓은 평수로 사용할 수 있고, 이곳의 특징이 방이 네 개라서 활용도가 굉장히 높습니다. 아차산이나 한강 전망이 나온다면 더 말할 나위 없습니다.

나 홀로 아파트라는 단점은 있지만 광나루 역세권 개발과 구의 정수장 개발 계획 등이 있어 향후 전망 또한 좋은 곳입니다. 저렴한 가격 대비 학군 및 편의 시설 등을 고려하면 매수하는 것이 좋습니다.

대단지일수록 프리미엄은 크다

Q : 장위동의 상가 주택 매도 여부와 향후 전망이 궁금합니다

장위동에 대지 52평의 상가 주택을 보유 중입니다. 매입은 2007년 3억 8000만 원에 구입했고, 현재 시세는 평당 1000만 원 정도입니다. 보증금 1억 1000만 원에 월세 70만 원 받고 있습니다. 장위 뉴타운 14구역이고, 사업 시행 인가를 준비하고 있습니다. 매도 여부와 향후 전망이 궁금합니다.

A : 장위 뉴타운 중 규모가 제일 큰 지역으로, 보유하는 것이 좋겠습니다

지하철역 상월곡역 도보 12~13분 거리로 장위 뉴타운 중 규모가 가장 큰 지역입니다. 이곳은 사업 시행 인가를 준비하고 있고, 현재 조합원 수가 1424세대, 일반 분양권이 527세대입니다. 향후 임대 332세대 포함해서 2283세대의 대규모 단지로 예정되어 있고, 시공사는 현대산업개발과 SK건설입니다.

2016년 상반기 사업 시행 인가를 목표로 하고 있고, 2017년에 관리처분까지 기대하는 지역입니다. 이 지역의 특징은 오동공원이 자리하고 있어 언덕이 심한 점입니다.

일반 지역과는 달리 이렇게 자연 경관이 공존하는 지역은 서울시에서 건물의 높이에 제한을 두는 경우가 많습니다. 이곳도 지역의 특성을 살려 아파트 높낮이를 두어 설계할 것입니다. 요즘 인기를 끄는 테라하우스 형태의 고급 주거 지역으로 개발을 기대해봅니다. 조금 더 기다리면 좋은 소식이 있을 겁니다.

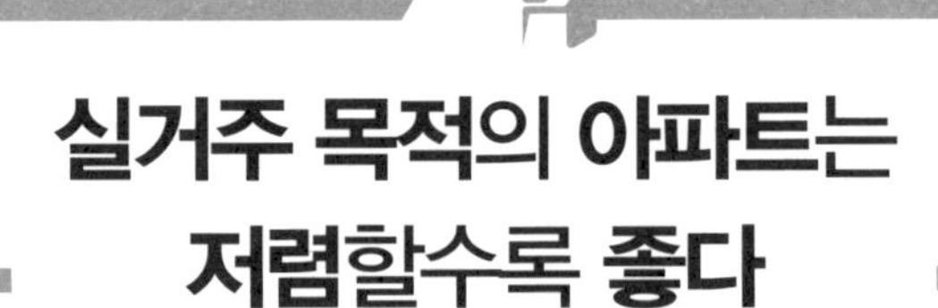

실거주 목적의 아파트는 저렴할수록 좋다

Q : 창동의 24평 아파트를 매수하려 합니다

현재 의정부에 거주하고 있는데 서울로 출퇴근하는 시간이 너무 많이 걸려 이사를 고민 중입니다. 의정부의 집을 팔면 1억 5000만 원 정도밖에 남지 않아 대출을 더 받아야 할 것 같아 걱정입니다. 매수를 고려 중인 창동 효성아파트의 시세는 2억 6000만 원 전후입니다.

A : 적극 매수를 권합니다

지하철 1호선과 4호선으로 더블 역세권의 인근 아파트입니다. 서울 시내 접근성이 좋고 서울 메트로 창동차량기지와 도봉 운전면허 시험장 일대를 복합 개발하는 호재가 있어서 향후 발전 가능성이 높은 지역 중 하나입니다. 동북권 개발 계획 가운데 가장 큰 개발 계획입니다.

베드타운 성격의 지역 사회가 이런 개발 호재 등으로 일자리가 창출되어 사람들이 늘어나고 지역 경제도 살아납니다. 가격적으로는 서울시 안에서 아파트 평당 1000만 원 선에 살 수 있는 곳이 몇 곳 안 됩니다. 실거주 목적으로 이만한 아파트를 찾기가 쉽지 않습니다. 적극 매수할 것을 권합니다.

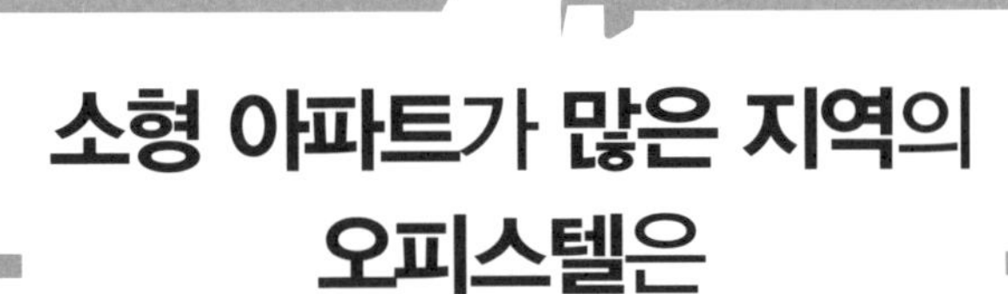

소형 아파트가 많은 지역의 오피스텔은 가격 경쟁력이 떨어진다

Q : 부천 남부역 근처 오피스텔을 매도하려고 합니다

부천 남부역 근처에 있는 부천KCC엠파이어타워 오피스텔 28평(전용 21.7평)을 8년 전에 1억 8000만 원에 매입했습니다. 시세가 떨어졌다 올라 현재 1억 8000만 원입니다. 부동산 경기가 안 좋아진다고 해서 매도하고 소형 아파트나 수익형 부동산으로 갈아타려고 합니다.

A : 매도하고 역세권 중심의 소형 주택에 투자할 것을 권합니다

보증금 3000만 원에 월세 65만 원을 받고 있으니 실투자 금액은 1억 5000만 원이네요. 오피스텔의 경쟁 대상은 주변의 소형 아파트입니다. 이 오피스텔은 1호선 부천역에서 7분 거리에 있고, 7호선 신중동역 주변으로 신도시가 들어서면서 아파트와 마트, 학교, 공원 등의 편의 시설을 갖추고 있습니다.

이처럼 아파트와 가격 경쟁, 입주 경쟁에서 앞서 나가기에는 힘이 부치는 형세입니다. 최소 지가 상승분이라도 있어야 하는데 지역 특성상 이 오피스텔의 추가 가격 상승은 기대하기 어려워 보입니다.

다른 지역으로 투자하려는 생각은 아주 좋은 생각입니다. 한 가지만 더 말하자면 소형 아파트는 오피스텔보다 더 수익률이 떨어집니다. 아파트보다는 역세권을 중심으로 한 소형 주택을 권합니다.

다세대 주택으로 노후 준비를 하라

Q : 문정동의 다가구 주택을 다세대 주택으로 개조하려 합니다

문정동에 대지 63평의 다가구 주택을 보유하고 있습니다. 허물고 다세대 주택을 지으려고 합니다. 1987년에 2억 7000만 원에 매입했고, 현재 시세는 16억 원입니다. 현재 임차인들을 내보내고 건축 준비 중입니다.

A : 문정동은 개발 호재가 많은 지역입니다

이 지역은 8호선 문정역까지 도보로 4분 거리에 있어서 아주 좋은 위치입니다. 송파대로를 중심으로 제2롯데월드, 가락시장 현대화 사업, 문정 법조 타운, 동남권 유통단지 등의 호재로 일자리가 늘어나고 유동 인구와 상주 인구가 많아질 지역입니다. 특히 문정역 일대 문정 법조 타운 이전과 오피스 건물들이 입주 예정으로 소형 주택 수요층이 더욱 늘어날 것입니다.

하지만 항상 공실 위험에 대비해야 하는데요, 처음 건축 설계 시부터 원룸 수요가 많을지, 투룸 수요가 많을지 등을 고려해 시공해야 합니다. 오피스텔 공급이 많은 지역은 아무래도 원룸 공급이 많아질 수 있으므로 투룸 위주의 시공이 돋보일 수 있습니다. 관계자 분들과 지역 분석부터 철저히 조사해 공실 없이 안전하게 월세를 받을 수 있는 수익형 부동산으로 탈바꿈하기를 기대합니다.

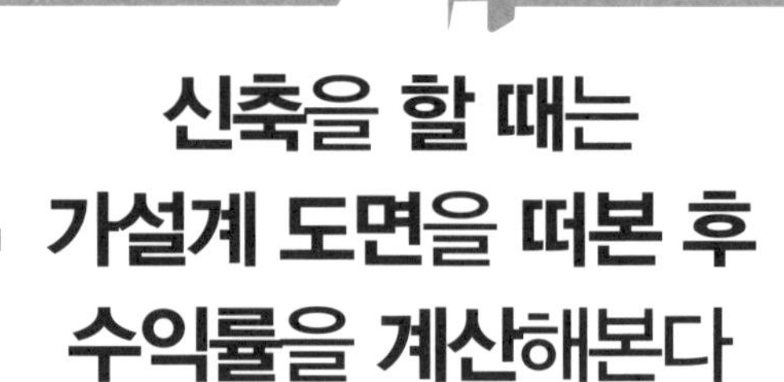

신축을 할 때는 가설계 도면을 떠본 후 수익률을 계산해본다

Q : 노후 단독 주택을 허물고 빌라를 지으려고 합니다

의정부 2동에 있는 노후 단독 주택(대지 72평, 일부 보증금 1000만 원에 100만 원의 월세)을 보유하고 있습니다. 오래된 단독 주택이라 거주하기도 불편하고 노후 준비도 해야 할 것 같아서 허물고 빌라를 지어 월세를 받으면 어떨까 합니다.

A : 투자 비용과 수익률을 계산한 후 신축하세요

1호선 의정부역 인근에 있습니다. 의정부 경전철도 있고요. 거리는 1호선 4분, 경전철 6분으로 역세권에 있는 좋은 위치입니다. 의정부역 일대가 일반 상업 지역입니다. 이 정도면 7층 정도 건축할 수 있습니다. 주변에 신축 빌라가 많이 들어설 것입니다.

건물을 신축으로 지어 월세를 받으려고 많은 분들이 도전해보고 싶어 합니다. 주택 건설 부분이 요즘 들어 조금씩 정보를 개방하면서 투명해지고 건전해지는 실정입니다.

먼저 건축을 하기 위해서는 가설계 도면을 떠봐야 합니다. 보통 구청 앞에 가면 건축 설계사 사무실이 있습니다. 이곳에 땅 지번을 알려주고 가설계 도면을 떠보면 방이 몇 개 들어서고 몇 층까지 건축 가능한지, 원룸과 투룸은 몇 개씩 나오는지 확인할 수 있습니다. 그래서 받을 수 있는 보증금과 월세를 투자 비용 대비해 계산해본 다음 건축 여부를 판단하면 되겠습니다.

상가 주택은 임차 수요와 상권이 있어야 가치가 있다

Q : 평택시 서정동의 상가 주택 전망과 매도 여부 궁금합니다

평택시 서정동에 있는 68평의 상가 주택을 거주 및 보유하고 있습니다. 보증금 3000만 원에 300만 원의 월세를 받고 있습니다. 15년 전 3억 1500만 원에 매입했고, 현재 시세는 8억 원 정도 합니다. 향후 전망과 매도 여부를 문의합니다.

A : 매도를 준비해 현금 보유 전략을 꾀하기 바랍니다

지하철 1호선 송탄역 15분 거리 먹자골목 안에 있군요. 1번 국도 바로 옆에 있고, 철길 건너에는 평택 고덕국제신도시 개발 지역입니다. 아마도 고덕 신도시가 들어서면 장사가 더 잘될 것이라는 희망이 있을 것입니다. 그러나 상권이 한 번 무너지면 다시 부활하기가 쉽지 않습니다.

고덕신도시가 들어서면 그쪽에도 상가 건물들이 들어설 것입니다. 그렇게 되면 상권이 분산되고 시설이나 환경이 깨끗한 쪽으로 사람들이 몰리므로 기존 상권은 위협받을 수밖에 없습니다.

건물은 일단 수익률이 나와서 투자 가치가 있어야 매각할 수 있습니다. 공실이 있다면 원인을 찾아야 하고, 임차인들이 들어와 주거를 하든 장사를 하든 불편함이 없도록 임대인들이 세심하게 신경 써야 합니다. 이렇게 준비해서 임차 수요를 채워야만 수익률에 맞춰 건물을 매각할 수 있습니다.

지금부터 매도를 준비하면서 현금 보유 전략으로 가야 합니다.

오래된 빌라는 재개발 지역의 투자로 좋고, 신축 빌라는 수익형으로 좋다

Q : 망원동 빌라를 매도해야 할지, 보유해야 할지 고민입니다

망원동 빌라(2룸)를 7년 전에 1억 5000만 원에 매입했고, 현재 시세는 1억 6000만 원입니다. 보증금 2000만 원에 월세 60만 원을 받고 있습니다. 매도해야 할지 보유해야 할지 궁금합니다.

A : 꾸준히 인기 있는 지역으로 보유할 것을 권합니다

마포구청역 도보 2분 거리로 초역세권입니다. 위쪽으로 성산 7분, 망원유수지 7분, 한강공원 12분, 평화공원 7분으로 10분 이내로 산, 공원, 강, 체육 시설 등이 있는 주거 밀집 지역입니다.

상암 DMC 우측으로는 합정역을 지나 공덕, 이태원 등으로 연결되는 지하철까지 있는 상암과 마포의 공덕 업무 지구의 중간 지점에 있습니다. 인근 홍대 상권이 상수역, 합정역, 연남동 등으로 점점 넓어지고 있습니다. 주변에 망원시장, 월드컵시장이 있어서 친서민 지역으로 임대 수요가 풍부하고, 전월세 금액이 높은 편에 속하는 지역입니다.

이 지역에 재개발 이야기가 있다가 취소되면서 원룸이나 투룸 빌라들이 많이 공급되었습니다. 그 이후에도 이 지역에 빌라 공급이 꾸준히 이어지고 있습니다. 신축 빌라 금액은 많이 올랐습니다.

공급 가격도 오르고 월세 가격도 올랐습니다. 이 물건을 팔고 신축 빌라로 옮겨도 무방하지만 수익률에서는 큰 차이가 없습니다. 빌라 투자는 두 가지로 접근해야 합니다. 재개발을 노린 구형 빌라 구입과 수익형 신축 빌라 구입입니다. 질문자님은 수익형으로 7년간 월세 5000만 원의 수익을 올린 것입니다.

걱정하는 것처럼 가격이 떨어질 지역은 아닙니다. 다양한 주거 형태와 가격적인 이점이 있어 꾸준한 사랑을 받는 지역입니다.

같은 투자 금액 대비 아파트보다 빌라의 수익률이 좋다

Q : 이수역의 18평 아파트를 전세 끼고 투자하려 합니다

이수역의 우성2차 18평 아파트를 전세 끼고 투자하려고 합니다. 시세는 3억 5000만 원입니다. 강남 근처라 향후 미래 가치가 있을 듯하여 투자하려고 합니다. 매매 차익을 보는 차익형 투자를 생각하고 있고, 현재 저는 인천에 살고 있습니다.

A : 차익형 투자보다는 수익형 투자를 권합니다

이곳은 주변 아파트 가격이 다른 지역과 비교하면 경쟁력이 있습니다. 시세는 3억 5000만 원이고, 전세 가격은 2억 8000만 원에서 3억 원 선으로 실투자 금액 8000만 원으로 투자 가능합니다. 대출을 1억 8000만 원 받으면 보증금 1억 원, 실투자금 7000만 원으로 3억 5000만 원을 맞출 수 있습니다. 이곳 아파트 월세는 1억 원에 70만 원 가능합니다. 대출 이자를 3퍼센트로 잡으면 월 이자가 45만 원이니 월세로 이자를 내고 25만 원이 이익입니다. 대출을 활용해서 25만 원씩 받으며 투자하면 1년이면 300만 원이고, 10년이면 3000만 원의 수익입니다.

한 발 더 나아가서 8000만 원을 투자해 월 이자를 공제하고 65만 원씩 수익이 나오는 수익형 부동산이 있습니다. 1년이면 780만 원, 10년이면 7800만 원입니다. 이렇게 아파트에 투자하는 방법이 있고, 신축 빌라에 투자하는 방법이 있습니다. 10퍼센트씩 가격이 오른다고 가정해도 2배 정도 수익률에 차이가 납니다.

전세로 투자 시 시세 차익 10퍼센트와 3000만 원의 수익을 올리는 첫 번째 방법이 있습니다. 두 번째는 월세 투자 시 시세 차익 10퍼센트와 3000만 원, 그리고 월세 수익 3000만 원을 합쳐 6000만 원의 수익입니다. 셋째로 소형 주택 투자 시 시세 차익 10퍼센트와 3000만 원, 그리고 월세 수익 7000만 원으로 총 1억 원의 수익을 예상할 수 있습니다. 세 가지를 비교해보고 투자할 것을 권합니다.

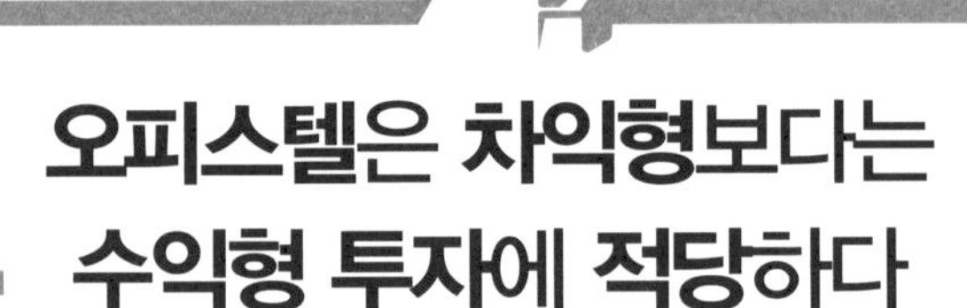

오피스텔은 차익형보다는 수익형 투자에 적당하다

Q : 북아현동의 아파트와 잠실의 오피스텔, 매도 여부가 궁금합니다

북아현동의 두산아파트 24평을 2억 원에 매입하여 전세 2억 4000만 원을 주고 보유하고 있습니다. 잠실 리시온오피스텔을 전세 1억 8000만 원에 주고 보유하고 있습니다. 향후 전망과 매도해야 할지, 보유해야 할지 궁금합니다.

A : 북아현동의 아파트는 보유할 것을 권합니다

두산아파트는 저층 3억 3000만 원, 중층 3억 7000만 원, 고층 4억 원으로 시세가 형성되어 있습니다. 요즘 전세 금액도 많이 올라서 3억 원 전후로 받을 수 있습니다. 남산 조망이 가능한 곳과 그렇지 못한 곳의 가격 차이가 많이 있습니다. 이대 정문 5분, 2호선 이대역 6분, 경의중앙선 신촌역 9분으로 지하철 접근성도 좋습니다. 주변에 연세대, 서강대, 이화여대, 홍익대 등이 있고 업무 중심 지역인 시청, 서울역, 마포, 여의도 등의 시내 접근성이 좋아서 미래 가치는 충분한 곳입니다. 이 지역은 강북에서 가장 인기 있는 지역입니다.

잠실 리시온오피스텔은 송파구청역 바로 앞에 있습니다. 주거와 오피스 공용으로 사용할 수 있는 고급 오피스텔입니다. 이곳도 강남 접근성과 제2롯데월드 개장 등으로 많은 인구 유입을 기대할 수 있는 곳입니다. 전세 투자는 가격이 올라야 수익을 볼 수 있습니다. 오피스텔 투자는 차익형보다는 수익형 부동산으로 매달 월세를 받는 투자 유형입니다. 이곳은 전세 만기에 맞춰 월세로 전환하면 보증금 1000만 원에 월세 90만 원을 받을 수 있습니다. 월세로 전환할 것을 권합니다. 월세 전환이 힘들다면 매도 후 수익형으로 갈아탈 것을 권합니다.

두산아파트는 보유하는 것이 좋겠습니다.

대출을 활용하면 수익률을 끌어올릴 수 있다

Q : 파주에 있는 상가 주택을 정리하고 싶습니다

경기도 파주시 금능동에 대지 65평의 상가 주택을 보유하고 있습니다. 2015년 10월에 6억 6500만 원에 매입했고, 보증금 1억 4800만 원에 월세 273만 원 나옵니다. 보유한 부동산을 정리해서 다가구 주택으로 갈아타면 어떨까요?

A : 수익률이 잘 나오는 편입니다

수익률은 6퍼센트 넘게 나옵니다. 대출을 활용하면 수익률이 12퍼센트 정도 나올 수 있습니다. 이 물건 자체만으로도 수익률은 좋아 보입니다. 주변 학군이나 병원, 공원 등 편의 시설도 잘 갖추었습니다. 건물도 세련되게 잘 지었고요.

보유하신 부동산을 정리해 다가구 주택으로 갈아타려는 이유가 관리하기 힘이 들어서인 것 같습니다. 연세 드신 분이 부동산 여러 개를 관리하는 일이 생각보다 쉽지 않습니다. 세입자 입출 관리부터 하자 보수까지 소소하게 신경 쓸 것이 많지요. 자녀들 중에 관리할 사람이 있다면 도움을 요청하는 것도 좋은 방법입니다. 가족들과 터놓고 이야기하는 시간이 필요할 것 같습니다. 결국은 본인이 할 수 있는 범위에서 선택하는 것이니까요.

모기지론에 가입해 거주하면서 연금을 받는 방법도 노후 준비에 좋다

Q : 길동의 다가구 주택을 매도하려 합니다

길동에 대지 63평의 다가구 주택을 보유 및 거주 중입니다. 시세는 평당 2000만 원이 넘고, 보증금 4억 5000만 원에 월세 110만 원 받고 있습니다. 매도 여부가 궁금합니다.

A : 매도 후 월세가 많이 나오는 수익형 부동산에 투자할 것을 권합니다

전세가 많이 들어 있군요. 지하철 5호선 도보 7분 거리네요. 우성아파트 옆으로 길동 복조리시장이 있어서 지역 주민들이 이용하고, 우측에 일자산 허브천문공원과 강동 가족캠핑장, 길동 생태공원 등 길게 늘어선 일자산 일대 자연공원이 잘 갖춰진 지역입니다.

지하철 9호선 연장선이 생태공원 인근으로 들어설 예정이어서 교통 여건도 개선될 전망입니다. 시세가 12억 원 전후면 보증금 빼고도 7억 5000만 원의 여유 자금을 만들 수 있습니다. 12억 원이 넘는 부동산에서 월세 100만 원은 너무 적습니다.

이번에 정리하고 판을 새롭게 짜야 합니다. 이 금액으로 거주할 집을 구입하고 수익형 부동산에 투자해서 생활 자금으로 활용하고, 요즘 인기인 모기지론에 가입해 거주하면서 연금을 받는 방법도 있습니다.

노후 준비는 상황에 맞춰 진행해야 합니다. 매도하는 것이 좋겠습니다.

저금리 시대에는 대출을 활용하라

Q : 의정부 금오동의 다세대 주택과 의정부 2동의 빌라 중 어느 곳을 먼저 매도해야 할지 고민입니다

의정부시 금오동의 다세대 주택에 거주하고 있습니다. 12년 전 4000만 원에 매입했고, 현재 시세는 1억 원입니다. 의정부 2동의 빌라를 10년 전에 7000만 원에 매입했고, 현재 보증금 4000만 원에 월세 30만 원을 받고 있습니다. 시세는 1억 원입니다. 대출 6000만 원이 있는데 하나를 팔아 대출을 정리하려고 합니다. 어떤 것을 매도하는 게 좋을까요? 나이가 있어 대출이 부담스럽습니다. 월세 30만 원 받아서 대출 이자 내고 반찬값 정도 떨어집니다.

A : 금오동은 호재가 있으니 보유하고, 의정부 2동의 빌라는 건물의 노후도가 진행돼 매도하는 것이 좋겠습니다

많은 사람들이 대출에 대한 부담감과 해보지 않은 것에 대한 두려움, 여러 가지 정보 부족으로 부동산 투자에 대해서 관심은 있지만 고민만 합니다. 어느 정도 대출을 활용해서 수익형 부동산에 투자하고 월세 받아 이자 내고 남은 금액이 수익으로 돌아오는 것이 가장 기본적인 투자 패턴입니다.

대부분의 부동산 투자가들은 금융권을 잘 활용해서 투자합니다. 이런 것들이 무서워 투자를 안 한다면 결국은 노동력으로만, 즉 월급 말고는 수입이 하나도 없는 상태가 됩니다.

다양한 수익 구조가 있어야 만일에 회사를 그만두거나 일을 못하게 됐을 때를 대비할 수 있습니다. 특히 나이가 들어 노동력이 떨어지고 수입이 없을 때를 대비해야 합니다. 미리미리 노후 대책을 만들어야 합니다.

두 곳 중 한 곳을 매도한다면 의정부 2동의 빌라를 먼저 매도하는 게 낫습니다. 금오동 주변은 을지대학교와 을지병원 입주 계획 등의 호재가 있습니다. 의정부의 빌라는 건물이 많이 노후했으니 다른 물건으로 갈아탈 것을 권합니다.

재개발 지역 투자는 타이밍이 중요하다

Q : 증산동 빌라와 불광역 빌라 중 어느 것을 매수해야 할까요?

첫째로 증산동 한신공영 빌라로 증산역 7~8분 거리에 있으며, 600세대로 3층 빌라입니다. 대지 지분 15평으로 가격은 1억 9000만 원에서 2억 원입니다. 둘째로 불광 5구역으로 불광역 옆 빌라입니다. 대지 지분 7평이고, 시세는 1억 6000만 원입니다.

투자금 1억 3000만 원~1억 4000만 원으로 둘 중 어느 것을 매수해야 하나요? 매수 이유는 월세 받는 수익형 부동산이나 차익형 부동산에 투자하기 위해서입니다.

A : 지역적으로는 불광동이 좋으나 재개발 지역 투자 시 타이밍은 사업 시행 인가 전후가 좋습니다

재개발을 바라보고 투자하는 것이군요. 증산동은 조합 설립이 되었는지, 불광 5구역은 어디까지 사업 진행이 되어 있는지 따져봐야겠네요. 지역적 위치로 보면 불광동이 훨씬 좋은 입지입니다. 더블 역세권을 끼고 있는 지역이라 재개발이 됐을 때 주거 환경이 많이 개선될 것입니다. 그러나 재개발이 된다고 다 돈이 되는 시절은 아닙니다.

불광 5구역은 조합이 설립된 지 10년 가까이 되었지만 사업이 계속 지연되고 있습니다. 예를 들어 10년 전 이곳에 1억 원을 전세 끼고 투자했을 때, 가격 상승은 없고 사업은 지지부진한 상태였습니다. 투자 수익률이 좋을까요?

위치 좋고 수익률이 좋은 지역일수록 사업 진행이 더 늦어지는 경우를 자주 볼 수 있습니다. 재테크 수단으로 투자하는 것이므로 기간 대비 수익을 생각해봐야 합니다. 다시 말해 돈을 투자해 기간 대비 수익이 나오는지 여부를 따져봐야 합니다. 즉, 계산 가능한 지역과 적당한 시기에 투자하는 것이 좋습니다.

돈이 많아서 오랜 기간 묵혀두고 수익을 내려는 것이라면 몰라도 지금은 재개발 지역을 무턱대고 매수하는 것보다는 사업이 진행되는 단계를 잘 점검해서 사업 시행 인가 전후에 매수하는 것을 추천합니다.

자연환경과 도시 접근성이 좋은 지역은 개발 가능성이 있다

Q : 성수동의 아파트, 향후 전망이 궁금합니다

성수동 롯데캐슬파크 38평을 보유하고 있습니다. 7년 전 6억 8000만 원에 매입했고, 시세는 6억 5000만 원입니다. 현재 전세 5억 6000만 원에 있습니다. 향후 전망이 궁금합니다. 그리고 매도 후 군자동 쪽 큰 빌라를 거주 목적으로 사는 것은 어떨까요?

A : 성수역과 뚝섬역 쪽은 한강변을 중심으로 재개발 이야기가 나오는 곳입니다

위치를 보면 성수역 1번 출구에서 100미터 떨어진 거리입니다. 바로 위쪽에 성수동 아이파크가 있어 가격을 형성하고 있습니다. 이 지역은 다 준공업 지역이라 향후 개발 가능성이 높습니다. 중랑천과 한강을 끼고 있고 서울숲까지 인근에 있습니다. 또 건대와 한양대, 왕십리 등 도심 접근성과 강남 접근성 등도 뛰어나서 이 지역의 주택뿐 아니라 오피스 건물 등도 점점 인기를 끌고 있습니다.

성수역과 뚝섬역은 관심을 가져야 하는 지역입니다. 한강변을 중심으로 재개발 이야기가 계속 나오고 있고, 주민 동의가 적극적으로 이루어진다면 한강변에 멋진 지역이 만들어질 것으로 예상합니다.

서울숲 인근에 갤러리아포레가 고급 주거지로 자리 잡았고 두산의 트리마제가 한창 공사 중입니다. 대림과 부영건설에서도 이 지역 부지에 개발 계획을 발표했습니다. 성수동은 발전 가능성이 높은 곳입니다. 아파트 가격도 왕십리나 주변 가격보다 높은 편도 아니라 매도보다는 보유하는 게 좋습니다.

군자동의 거주 목적 빌라는 어린이대공원을 끼고 있는 능동 지역이 괜찮습니다. 군자역 접근성과 공원 접근성이 뛰어나서 실거주하기에 좋은 지역입니다.

재개발 해제 지역,
단독 주택 헐고 빌라 늘어난다

Q : 장위동의 단독 주택, 매도 타이밍이 궁금합니다

장위동에 1989년에 지은 대지 51평의 단독 주택에 거주 중입니다. 매도 타이밍이 궁금합니다.

A : 매수자가 있다면 무리하지 않는 선에서 매도하는 것이 좋습니다

장위 뉴타운 지역이네요. 시세는 평당 1500만 원 정도 나갑니다. 단독 주택 두 집이 나란히 자리하고 있습니다. 북서울 꿈의 숲 위쪽에 있어 자연환경은 좋습니다. 지하철역이 도보로 15분 이상 걸려 접근성이 떨어지는 것이 아쉽습니다.

이곳은 재개발 해제 지역입니다. 주변에 신축 빌라 공급이 늘어나고 있습니다. 이렇게 재개발이 해제되면 신축 빌라를 지을 수 있어서 매수 문의가 늘어납니다. 이럴 때 매도하는 것이 유리합니다.

주변이 아파트 단지들로 변해가는데 이곳만 빌라들로 채워진다면 가격 상승을 주도할 수 없습니다. 매수자가 있으면 너무 무리하지 말고 적정선에서 협의하는 게 좋습니다. 대지 평수가 50평이면 단독 건축할 수 없으므로 이웃집과 협의해서 매도해야 합니다.

재개발, 소문에 움직이지 말고 사업 시행 인가 전후에 움직여라

Q : 방배동 26평 빌라의 향후 전망이 궁금합니다

방배동에 26평 빌라를 보유하고 있습니다. 2006년에 4억 원에 매입하였고, 현 시세는 매입 가격과 비슷합니다. 현재 전세 2억 7000만 원에 있습니다. 재개발 보고 투자를 했는데 재개발이 무산되고 주변에 신축 빌라들이 계속 들어서고 있습니다. 향후 전망이 궁금합니다.

A : 매도하고 다른 지역으로 갈아탈 것을 권합니다

지하철 4호선과 7호선으로 더블 역세권인 이수역 10분 거리입니다. 방배동 카페 골목에 인접한 지역이고요. 주변에 경문고등학교, 서문여중·고 등 학군도 좋습니다. 요즘은 재개발이 많이 투명해져서 소문을 듣고 미리 움직인다고 해서 큰 수익을 내는 시절은 지났습니다.

누누이 말씀드리지만 재개발 지역은 최소 조합이 설립되어 있고 사업 시행 인가가 떨어진 지역 위주로 투자해야 자금이 묶이는 일 없이 원하는 투자 수익을 올릴 수 있습니다.

너무 늦은 거 아니냐고 이야기하는 사람들도 있지만 이렇게 안전하게 투자해야만 위험을 최소로 줄일 수 있습니다. 사업 시행 인가 이후 입주까지 5년 정도 시간이 걸린다고 보면 연 15~20퍼센트의 수익이 가능합니다. 이 수익률이 적다고 한다면 투기지 투자는 아닌 것입니다. 수익률을 수치로 확인해보지 않고 내가 얼마를 벌지도 모른다면 문제가 있는 것입니다.

저평가된 지역을 찾아 투자하라

Q : 도봉구의 아파트를 매수하려 합니다

도봉 럭키아파트 32평 전세로 거주 중입니다. 이곳의 시세는 3억 원 전후이고, 전세는 2억 4000만 원에서 2억 5000만 원 정도입니다. 매수 여부 문의합니다.

A : 전세 가격이 매매 가격의 80퍼센트가 넘으면 매수하는 것도 좋습니다

지하철 1호선 도봉역 바로 인근입니다. 좌측으로는 도봉산이 자리합니다. 주말이면 많은 등산객들이 찾는 서울의 명소죠. 도봉역 우측으로는 중랑천이 흐르고, 이곳에 체육 시설 및 자전거 도로가 있어 서울에서도 자전거 길을 따라 이곳까지 이동하기도 합니다.

자연 녹지 지역이고 국립공원으로 지정되어 있어서 자연환경이 좋은 것이 가장 큰 장점입니다. 시내 접근성도 도봉역 1호선과 창동역 4호선을 이용하면 편리하게 이동할 수 있습니다.

이 아파트는 1992년 입주해 680세대 구성이고 아직 재건축 연한이 많이 남아 있어서 개발 호재를 기대하기는 어렵지만 실거주 목적으로 다른 서울 지역 대비해 가격적인 이점이 있습니다. 이렇게 전세 가격이 매매 가격의 80퍼센트 이상이면 매수하는 것도 방법입니다. 투자자로서는 이런 곳이 투자 대상 지역이기도 하죠.

1990년대 초반에 지은 벽돌집도 투자 가치가 있다

Q : 20년 된 연립 주택인데 지대가 높아 아이 키우기 힘들어 매도하려고 합니다

사당동의 연립 주택에 거주 중입니다. 20년 전에 부모님이 6000만 원에 구입해준 집입니다. 지대가 높아 아이 키우기가 힘들어서 고민 중입니다. 매도하고 경기도 외곽으로 이사하면 어떨까요?

A : 매도하고 수익형 부동산에 투자하세요

이곳은 바로 매도하는 게 좋습니다. 젊은 사람들이 생활하기에 너무 불편하고, 특히 아이들 병원이나 놀이방, 문화센터 접근성이 너무 떨어집니다. 유아기 때는 많은 노출이 필요한데 엄마가 불편하면 아이들과 외출하기가 쉽지 않고 집에만 있으면 엄마가 힘들어지죠. 엄마가 힘들면 아이들에게 고스란히 감정이 전달되어 아이들의 정서 발달에 나쁜 영향을 미칩니다. 엄마가 행복해야 아이도 행복합니다. 매도해서 외곽으로 이사하는 것도 좋고 서울에 거주하는 것도 좋습니다. 그런데 매도하고 난 2억 원을 다 집 장만에 사용하지 마세요. 분산 투자를 권합니다.

일단 집을 사지 말고 이사할 집을 월세로 얻으세요. 가격은 보증금 5000만 원에 월세 50만 원을 넘지 않도록 하세요. 1990년대 초·중반에 지은 벽돌집들이 있습니다. 이 금액이면 방 3개인, 아이들 키우기에 넉넉한 공간으로 거주 가능합니다. 나머지 자금인 8000만 원은 수익형 부동산에 투자하여 월세 65만원 나오는 곳에 투자하고, 재개발 지역에 7000만 원 이하로 투자해서 향후 서울에 내 집 마련을 준비하는 것이 좋겠습니다. 월세 65만 원 중에 50만 원은 집세 내고 나머지 15만 원은 본인을 위해 쓰세요.

두 번째 안으로는 1억 5000만 원을 수익형 부동산에 투자해서 매월 130만 원 중 집세 50만 원을 내고 80만 원 추가 수익을 얻어 1년이면 960만 원, 10년이면 9600만 원입니다. 두 가지 방법 중 하나를 선택하면 될 것 같습니다.

풍부한 일자리, 교통이 뒷받침해주면 집값이 오른다

Q : 시흥동 재건축 아파트를 매도하고 화곡동으로 이사하려고 합니다

시흥동 무지개아파트 18평에 거주하고 있습니다. 20년 전 8000만 원에 매입했고, 현 시세는 2억 6000만 원입니다. 재건축 안전 진단에 통과하여 26평형을 신청하면 추가 분담금이 1억 원 정도입니다. 시세 3억 원 정도가 되면 매도하고 화곡동 뉴타운 얘기가 있는 쪽으로 평수 큰 빌라를 사서 옮기면 어떨까요?

A : 이 지역은 호재가 많으니 계속 보유하는 게 좋습니다

거주하는 곳은 지하철 1호선이 바로 앞에 있고, 독산대로를 중심으로 신안산역, 시흥사거리역, 독산역이 새로 생길 예정입니다. 금천구청이 새로 건물을 지어서 화려하게 자리하고 있습니다. 낙후된 금천구 지역이 새롭게 탈바꿈하고 있는 중심에 있는 지역입니다.

위쪽으로 롯데캐슬골드가 4000여 세대 대단위로 공사가 진행 중입니다. 2018년도까지 순차적으로 입주가 끝나면 서남권의 이 일대가 많이 변화할 것으로 예상합니다.

강남 순환도로 개통 예정으로 강남 접근성이 좋아지고, 서부 간선도로 지하화로 말미암아 상습 정체 구간 해소 및 안양천 접근성 개선, 신안산선 청량리-여의도-금천-안산 착공 호재가 있습니다. 독산동 위쪽에 서울시의 유일한 산업단지인 구로가산디지털 단지가 있습니다.

풍부한 일자리가 있는 이곳을 금천구가 뒷받침을 못해서 많은 인구가 광명시에서 출퇴근을 하고 회식이나 먹거리 문화도 광명시에서 돈을 쓰고 있습니다. 서울시 가운데서도 집값이 낮은 지역 가운데 한 곳입니다. 분양가 1400~1500만 원이면 서울시 기준으로 봤을 때 저렴한 편입니다. 주변 아파트 가격이 이 정도 한다고 봤을 때 미래 가치는 점점 더 좋아질 것으로 보입니다.

가격이 많이 올라서 다른 지역으로 이사를 고민하시는데 이 지역은 이제 시작인 곳입니다. 시간이 갈수록 가격은 조금씩 계속해서 오를 것입니다. 고민하지 말고 보유하는 게 좋겠습니다.

많은 자금이 묶여 있다면 구조 조정하여 분산 투자하는 게 답이다

Q : 거여동의 아파트를 처분하고 수익형 부동산에 투자하려 합니다

거여동 5단지 아파트 35평을 3억 8000만 원에 전세 주고 있습니다. 2008년에 5억 7000만 원에 매입했고 현재 시세는 5억 3000만 원입니다. 그리고 거여동 2단지 아파트 47평에 거주하고 있고, 5년 전에 7억 4000만 원에 매입했고 현재 시세는 6억 4000만 원입니다. 둘 다 처분해서 작은 평수에 거주하고 나머지는 수익형 부동산에 투자하면 어떨까요? 또 처분 시기가 궁금합니다. 위례 신도시가 들어왔을 때 향후 전망은 어떻게 될까요?

A : 거여동은 송파구에서 개발이 더딘 지역입니다

이곳은 지하철 5호선 거여역까지 도보 5분 거리에 있습니다. 송파구 안에서는 개발이 더딘 지역이죠. 뒤편으로는 산이 있고, 옆쪽으로 외곽 순환 도로가 있어 지역 단절로 개발 확정성에 한계가 있습니다. 뒤편으로 위례 신도시를 개발 중인데 이것으로 가격 상승까지 기대하기는 어렵습니다.

편히 살기에는 부족함이 없지만 재테크 측면에서는 많은 자금이 묶여 있고 전혀 도움이 안 됩니다. 이렇게 마음먹었을 때 구조 조정을 하는 것이 중요합니다. 미련 없이 정리하고 분산 투자를 권합니다.

두 곳을 정리하고 남은 8억 원으로 노후 준비와 주거비로 사용하면 됩니다. 2억 5000만 원 정도 투자해서 200만 원의 월세를 받고, 나머지 자금으로 송파 중심 지역으로 들어가서 재개발 준비 중인 중소형 아파트로 갈아타면 좋겠습니다. 결혼을 앞두거나 내 집 마련을 해야 하는 자녀들이 있다면 재건축 추진 중인 지역에 1억 원 미만으로 투자하는 것도 좋은 방법입니다.

재테크는 타이밍이 중요합니다. 마음먹었을 때 행동으로 실천하는 것이 가장 중요합니다.

같은 부동산이라도 연령과 상황에 따라 투자 방법은 달라진다

Q : 분당의 소형 아파트, 향후 전망이 궁금합니다

분당 이매2동 아름마을 풍림아파트 23평을 보유하고 있습니다. 보증금 4000만 원에 월세 130만 원을 받고 있습니다. 분양가는 4억 3000만 원이고, 시세는 4억 6000만 원입니다. 월세가 나와서 좋긴 한데 앞으로 집값이 떨어질 거란 말들이 있어서 계속 보유해야 하는지, 아니면 매각해야 하는지 향후 전망이 궁금합니다.

A : 투자금을 회수했고, 자녀에게 상속할 것이라면 보유해도 좋습니다

지하철 분당선 이매역과 도보 9분 거리에 있고, 분당의 대표적인 아파트 단지입니다. 소형 평수로 월세를 받는 수익형 부동산입니다. 같은 부동산이라도 연령과 각자의 상황에 따라 다른 전략이 필요합니다.

연세가 있다면 자녀들에게 상속하려고 생각할 것입니다. 투자 금액을 다 회수했고 매달 월세를 받고 있으니 더 이상 바랄 게 없죠. 그러나 만약 나이가 40대 초반이라면 상황은 달라집니다.

4억 원을 투자해서 130만 원의 월세를 받고 있다면 3퍼센트 후반의 수익률입니다. 이런 경우라면 대출을 활용하거나 반전세를 활용해 투자금을 일부 회수하여 다른 수익형 부동산에 투자하는 적극적인 방법을 쓰는 것이 좋습니다.

투자 잘하셨고요, 걱정 말고 보유하면 되겠습니다.

셀프 인테리어로 투자 비용을 줄여라

Q : 인천 전동의 전세로 살고 있는 집을 매수하려고 합니다

인천 중구 전동의 주택에 전세로 자녀들이 거주하고 있습니다. 전세로 살고 있는 집을 주인이 매도한다고 합니다. 현재 전세 4500만 원에 있고, 시세는 1억 1000만 원입니다. 장기적으로 재개발 호재도 있다고 해서 매수를 고민 중입니다. 전문가님의 의견이 궁금합니다.

A : 저렴하다면 실거주 목적으로 매수해도 좋습니다

인천 지하철 1호선 동인천역 인근입니다. 도보 7분 거리입니다. 위쪽에 제물포고등학교, 안일여고 등 학군이 있고, 관공서, 자유공원까지 있어 실수요자 입장에서 부족함이 없어 보입니다. 건물 모양도 외관상 깔끔하고 튼튼하게 잘 지은 것으로 보입니다. 건물 위치도 도로 안쪽에 붙어 있어 포근한 게 좋습니다.

전동 주택 재개발 지역으로 시간이 지나면 개발 이야기가 솔솔 나올 겁니다. 주인이 매도 이야기를 한다면 재개발에 대한 기대감도 있어서 매수하는 것도 좋은 재테크입니다. 또 한편으로 실거주 목적의 매수도 괜찮습니다.

요즘 젊은이들 사이에서 셀프 인테리어가 유행입니다. 이런 집을 저렴한 가격에 매수해서 본인들이 인터넷으로 조사해서 필요한 자료를 구입해 직접 공사하는 것입니다. 인건비가 비싸고 경제가 불황이다 보니까 젊은 신혼부부들을 중심으로 이런 문화가 확산되고 있습니다. 인터넷에서 원하는 정보를 얼마든지 알아낼 수 있어서 가능한 일입니다.

매수해서 조금 손보고 생활하면 젊은 부부들에게 좋을 듯합니다.

아무리 전망이 좋아도 언덕이 심하면 집 가격이 떨어진다

Q : 금호동 아파트 매수 의견 부탁드립니다

금호동 대우아파트 24평에 현재 전세로 거주하고 있습니다. 월세 시세는 보증금 2억 5000만 원에 월 50만 원이고, 전세 시세는 4억 원에서 4억 2000만 원 정도 합니다. 매매 시세는 5억 원 전후입니다. 실거주 목적으로 매수해도 될까요?

A : 다른 지역 아파트와 시세 비교 후 매수할 것을 권합니다

3호선 금호역에서 도보 8분 거리에 있는 아파트입니다. 강남 접근성과 시청, 종로 등 시내 접근성이 뛰어납니다. 금호동 재개발 사업과 더불어 한창 강세인 지역입니다. 지역이 구릉지라 언덕을 끼고 아파트가 들어서면서 일부 단지는 한강을 조망할 수 있어 프리미엄이 형성되어 있습니다.

약점이라면 언덕이 심한 것과 중·고등학교의 학군이 부족한 점입니다. 집의 가격을 형성하는 요인 가운데는 강이나 산, 바다 조망이 중요하기는 하지만 주변 여건을 갖춘 상태에서의 조망과 그렇지 않은 곳의 조망 차이는 큽니다.

전세 금액에 대출을 활용하면 월세 내는 비용으로 조금 더 보태서 이자 감당할 수 있다는 계산이 나와 매수를 고민하는 듯합니다. 아직 만기까지 시간이 있으니 다른 지역 아파트와 시세를 비교해보고 자녀들의 학군도 감안해 세심하게 따져보고 매수할 것을 권합니다.

대로변을 낀 건물은 시간이 지나면 가격이 더 오른다

Q : 대방동의 상가 주택, 향후 전망이 궁금합니다

대방동에 대지 52평의 상가 주택을 보유하고 있습니다. 구입한 지 30년 됐고, 시세는 평당 2500만 원으로 13억 원 후반 정도입니다. 보증금 7000만 원에 월세 170만 원 나옵니다. 재개발 이야기가 나온 지 오래되었는데 아직까지 진행되고 있지 않습니다. 향후 전망이 궁금합니다.

A : 개발 지역이 근처에 있어 보유하는 것이 더 좋겠습니다

노량진 재정비 촉진 지구 바로 앞에 있는 물건입니다. 도로에 붙어 있어 도로 접근성이 아주 좋습니다. 지하철 1호선 대방역에서 도보 8분 거리입니다. 7호선 장승배기역도 도보 10분이면 가능한 거리네요.

주변이 아파트 단지로 개발 중이고 영화초등학교, 영등포중학교, 영등포고등학교, 숭의여자고등학교 등이 인근에 있습니다. 용마산과 노량진 근린공원 등의 체육 시설과 자연환경이 잘 어우러진 지역입니다. 주변에 아파트가 다 들어서고 개발된다면 주변 환경은 더욱 좋아질 것입니다.

지금 당장 가격이 오르지는 않아도 도시 개발에 있어서 후대에 개발할 땅을 남겨 놓는 것도 선대들이 해야 할 일입니다. 지금 굳이 매도할 이유는 없어 보입니다. 대로변을 낀 물건이라 시간이 지나면 가치는 더 올라갈 것입니다. 계속 보유하면서 월세 받으며 노후 생활을 편하게 지내면 될 것 같습니다.

■ 가치

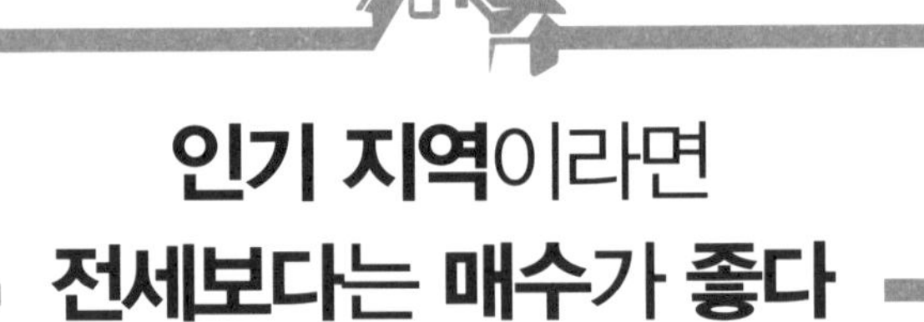

인기 지역이라면 전세보다는 매수가 좋다

Q : 마포구 창전동 아파트, 매수 의견 부탁드립니다

마포구 창전동 삼성아파트 32평에 전세로 거주하고 있습니다. 전세는 4억 2000만 원이고, 매매 시세는 5억 원 선 유지하고 있습니다. 아파트 가격이 계속 오르고 전세 가격도 오르고 있어서 이번에 매수해서 내 집 마련을 해야 할지, 계속 전세로 살아야 할지 고민입니다. 의견 부탁드립니다.

A : 이 지역은 가격 경쟁력이 있으니 매수하는 것이 좋습니다

지하철 광흥창역 도보 6분, 경의중앙선 서강대역 6분, 2호선 신촌역 10분 거리로 트리플 역세권입니다. 시청과 마포, 용산, 서울역 등 주변 업무 지역의 인프라와 인근 연세대, 서강대, 이화여대, 홍익대 등 학군이 아주 좋습니다. 자연환경도 좋은데, 와우산 공원과 한강 접근성까지 주변에 빠지는 게 없는 인기 지역입니다. 이렇게 교통 편의성과 도심 접근성이 좋고 주변 업무 시설이 많은 지역은 시간이 지날수록 빛을 발합니다.

전세금 계속 올려주느니 이곳은 여러 조건 대비 가격 경쟁력이 있는 지역이므로 매수하는 게 좋겠습니다.

매매가와 전세가의 차이가 없을 때는 갭 투자가 유리하다

Q : 독산동의 27평의 아파트를 전세 끼고 투자하려 합니다

독산동 금천 현대홈타운아파트 27평을 전세 끼고 투자하려 합니다. 시세는 2억 7000만 원에서 2억 9000만 원 정도 하고, 전세는 2억 4000만 원에서 2억 6000만 원 정도 합니다. 금천구에 여러 호재도 있고, 신축 아파트들이 들어서면 가격 경쟁력도 있을 것 같아 고민 중입니다. 의견 부탁드립니다.

A : 장기적인 관점에서 매수하는 것이 좋습니다

전세가가 높아서 갭 투자를 생각하는 것 같군요. 갭 투자는 전세가 비율이 높은 지역에 투자해야 최소한의 비용으로 물건을 확보하고, 차후에 전세가가 매매가를 밀어 올려 투자 수익을 얻는 투자법입니다. 요즘 트렌드인 작은 평수를 전세 끼고 공략하는 전략은 아주 좋습니다.

이 지역은 서부 간선도로 지하화, 신안산선, 강남 순환 고속도로 개통 등 여러 가지 개발 호재와 이주 수요까지 겹치면서 강세를 이어가고 있습니다. 위쪽에는 가산디지털 단지가 있어 든든한 수요층까지 있는 지역입니다.

금천구청역 주변에서 개발을 진행 중이라 이곳이 완성된 이후에 독산동은 지금 모습과는 완전히 다른 도시로 변화할 것입니다.

1~2인 가구의 증가로 소형 평수가 인기를 끈다

Q : 행신동 아파트(22평)를 매도 후 용인의 아파트(42평)를 매수하려 합니다

행신동 샘터마을 2단지 22평에 거주하고 있습니다. 2억 2000만 원에 매도하고 용인 죽전동 극동 스타클래스 42평(시세 4억 원 중반)을 매수하려고 합니다. 이곳 시세는 4억 원 중반입니다. 직장이 용인이라 이사를 생각 중인데, 아이들도 커서 지금 살고 있는 집이 좁아 기왕 이사하는 것 넓은 평수로 가려는데 잘하는 걸까요?

A : 대형 평수는 예전과 달리 매매가 어렵습니다

고령화 시대에 접어들어 1~2인 가구 수가 계속 늘어나면서 중대형보다는 소형 아파트의 인기가 더욱 높아질 것입니다. 경기도 좋지 않아 큰 평수의 아파트 인기가 예전 같지 않습니다. 앞으로 더더욱 큰 평수를 찾는 가구 수는 줄어들 것입니다. 안락한 주거 환경만 생각한다면 문제가 되지 않습니다. 그러나 노후 자금과 자녀들의 학교에 따라 이사를 해야 하는 상황이 발생한다면 매각하는 경우도 생각해봐야 합니다. 찾는 사람이 없는 물건은 가격이 떨어질 수밖에 없습니다. 매수를 해 이사할 계획이라면 중소형 평수를 권합니다.

서울의 땅값은 계속 오르고 있다

Q : 공항동의 단독 주택을 보유해야 할지 매도해야 할지 고민입니다

공항동에 50평의 단독 주택을 보유 중입니다. 현재 거주 중이고 시세는 평당 1500만 원으로 6억 5000만 원 정도 합니다. 전세 시세는 1억 5000만 원 정도이고요. 건물이 오래돼서 생활하는 데 불편한 점이 많습니다. 신축을 해서 월세를 받으며 노후 준비를 하고 싶은데 자금 사정이 여의치 않습니다. 매도하고 아파트로 갈아타야 할지, 계속 보유해야 할지 의견 부탁드립니다.

A : 공항동은 호재가 많아 보유를 권합니다

지하철 5호선 송정역 10분 거리네요. 주변에 마곡 지구가 가까이에 있고 발산택지 개발 지역과 방화재정비 촉진 지구까지 있어, 인근에 개발 진행이거나 예정 지역들이 많습니다. 공항도 바로 인근에 있고요. 제2종 일반 주거 지역이라 신축하기에도 적당합니다.

서울의 땅값은 계속 오르고 있습니다. 점점 소형 주택인 빌라를 지을 땅들이 부족하고 가격도 오르고 있습니다. 아파트에 거주하는 수요와 빌라에 거주하는 수요층은 분명 다릅니다. 빌라도 예전보다 잘 짓고 생활하는 데 불편함이 없으므로 임차 수요가 많습니다. 신축으로 지어도 임차 수요에 대한 걱정이 없는 지역입니다. 더 나이가 들어서 그때 이 집에 다시 활력을 불어넣는 것도 좋은 방법입니다. 지금은 보유하는 게 좋겠습니다.

매도할 때도 투자가 필요하다

Q : 종로구의 사무실을 매도하려고 합니다

종로구 신문로 1가에 사무실을 보유 중입니다. 전용 10평으로 2개의 사무실을 터서 하나로 사용하고 있습니다. 매입 금액은 5200만 원이고, 현재 시세는 1억 5000만 원입니다. 월세 시세는 보증금 500만 원에 30만 원입니다. 하던 일을 정리하고 은퇴를 준비 중이라 사무실이 필요하지 않아서 매도하고 고향으로 내려갈까 합니다. 매도 여부가 궁금합니다.

A : 이 지역은 임대 수요가 풍부합니다

대표적인 오피스 상권이 형성된 광화문 일대입니다. 지하철 5호선 광화문역 도보 3분 거리로 초역세권 건물입니다. 광화문은 사무실 월세 가격의 기준이 되는 지역입니다. 임대 수요도 풍부한 곳이죠. 소형 사무실이라 인기가 있을 것 같습니다.

매도할 때 벽면 페인트나 도배, 바닥, 냉 · 난방기에 신경을 쓰고, 조명이나 콘센트 등 노후한 소품들을 비용을 좀 들여 새로 교체해 매도하면 될 것 같습니다. 임차인으로서는 몸만 들어가서 살 수 있는 깨끗한 물건들이 너무나 많으니 매도하려면 이 정도는 투자하는 것이 좋습니다.

수익률과 함께 지가 상승분을 따져보라

Q : 아파트와 상가를 정리하고 수익형 부동산으로 갈아타려 합니다

영등포 푸르지오 30평 아파트에 거주 중입니다. 시세는 5억 원 전후며, 1억 원의 대출이 있습니다. 그리고 안산 법원 앞 법조타운 상가를 보유하고 있습니다. 시세는 3억 5000만 원 정도 하며, 대출은 없고 보증금 1000만 원에 월세 130만 원 받고 있습니다. 둘 다 매도 후 상가 주택이나 다가주 주택을 매수하여 거주하면서 월세를 받고자 합니다.

A : 은퇴 후 100세 시대를 준비하는 전략이 필요합니다

정리해보면 영등포에서 4억 원, 안산 상가에서 3억 5000만 원의 현금 보유가 가능하네요. 그럼 7억 5000만 원으로 상가 주택이나 다가구 주택으로 갈아탈까 고민하는 것인데, 그것은 좋은 선택입니다. 은퇴 이후에 거주하는 집과 보유한 부동산을 한번 점검해보고 새롭게 100세 시대를 설계하는 준비가 필요합니다.

서울 시내에 있는 상가 주택의 가격은 15억 원 전후가 많습니다. 거주하면서 월세 500만 원에서 700만 원 전후로 받을 수 있습니다. 단순 수익률만으로 본다면 그리 높진 않지만, 지가 상승에 따른 부분이 있어서 차후 매도 또는 후대에 개발 진행 시 투자 수익을 올릴 수 있습니다.

상가를 먼저 정리하고 갈아탈 물건을 알아보면서 거주 중인 아파트는 입주 일정에 맞춰 매도하는 전략이 필요하겠습니다. 발품을 많이 팔아야 좋은 물건을 구할 수 있습니다.

강북이라고 모두 땅값이 강남보다 싼 것은 아니다

Q : 연남동의 단독 주택을 매도하려 합니다

연남동의 86평짜리 단독 주택을 보유하면서 인근 아파트에 거주 중입니다. 이곳 시세는 평당 4000만 원 이상으로 35억 원 이상입니다. 보증금 1500만 원에 월세 180만 원 나옵니다. 집 관리가 힘들어서 매도하려는데, 막상 팔려니 아깝기도 하네요. 의견 부탁드립니다.

A : 추가 상승 여력이 있으니 보유하는 것이 좋겠습니다

지하철 2호선과 공항철도 홍대역 더블 역세권으로 도보 10분 거리입니다. 요즘 한창 뜨고 있는 연남동 대로변에 있는 주택입니다. 말이 필요 없는 지역입니다. 사거리 코너에 자리를 잡고 있어 위치도 아주 좋습니다.

이곳을 강남과 비교해보겠습니다. 강남 학동역 주택가의 단독 주택지가 평당 3000만 원대고 역 주변 인근은 평당 3500만 원까지도 나갑니다. 단순 비교지만 연남동의 가격이 많이 올라 있습니다. 추가적으로 상승 여력도 있습니다.

생활하는 데 불편하지 않으면 계속 보유하고, 관리가 힘들면 가족들과 상의해서 자녀들에게 관리하도록 하는 것도 방법입니다. 자녀들이 부동산에 관심이 없다면 안 하려고 하겠지만 잘 상의해서 결정하면 좋겠네요. 보유하는 게 좋겠습니다.

시간도 비용이다

Q : 만리동의 단독 주택을 매수하려 합니다

친정엄마가 살고 계신 중구 만리동 지역에 단독 주택이 매매로 나와 알아보고 있습니다. 매매 금액은 평당 2500만 원 선으로 15억 7000만 원입니다. 현재 임차인이 사용 중이고, 보증금 1억 5000만 원에 월세 40만 원입니다. 그 지역에 호재도 있고 해서 투자 목적으로 매입하려 합니다. 의견 부탁드립니다.

A : 호재가 있지만 시간이 더디니 보류하는 것이 좋습니다

서울역 인근 만리동입니다. 지하철 1호선과 공항철도, 충정로역 2호선과 5호선 등 도보 7~8분 거리입니다. 이 지역은 박원순 서울시장이 야심차게 준비하는 도시 재생 사업의 핵심 지역입니다.

서울역 고가를 보행자 도로로 변경하기까지 우여곡절이 많았습니다. 서울 진입의 관문인 이 지역은 매우 낙후한 상태입니다. 낙후한 서울역 일대를 정비해서 서울의 이미지를 향상시키고 일본의 도쿄역 인근처럼 도시 개발을 진행해 강남과 같은 업무 지역으로 탈바꿈시킨다는 것이 복안입니다.

만리동과 아현동 재개발과 청파동을 지나 삼각지역 일대 용산역까지의 한강대로변 개발이 향후 예정되어 있습니다. 이 지역의 변화가 미래 서울의 모습이라고 해도 과언이 아닙니다.

매입 금액에서 보증금을 빼면 14억 원의 비용이 들어갑니다. 14억 원을 5퍼센트로만 잡아도 월 600만 원입니다. 1년이면 7000만 원이고, 10년이면 7억 원입니다. 이 지역이 개발되면 좋지만 언제 될지도 모르고, 지역 구획도 지정하지 않은 상태로 노후한 집에서 거주하며 시간과 싸운다는 것은 적절하지 않습니다.

기왕 투자하려고 마음먹었다면 더 많이 발품을 팔아보고 결정할 것을 권합니다.

대학교가 많은 지역은 월세 수요가 풍부하다

Q : 이문동의 단독 주택, 매도 여부가 궁금합니다

이문동에 대지 30평의 단독 주택을 보유 중입니다. 시세는 평당 2300만 원으로 약 6억 9000만 원입니다. 보증금 4000만 원에 월세 200만 원 받고 있습니다. 계속 보유하면서 월세를 받는 게 맞는지, 아님 한 번 갈아타는 게 맞는지 판단이 서질 않네요. 만약 보유하는 게 낫다면 향후 전망까지 말씀 부탁드립니다.

A : 평수가 작아 매도 후 수익형 부동산으로 갈아탈 것을 권합니다

외대역 도보 3분 거리로 역세권입니다. 카이스트, 경희대학교, 한국외국어대학교, 한국예술종합대학교, 삼육보건대학교, 서울시립대학교 등 인근에만 대학교가 6개 있습니다. 외대역 인근으로는 이문·휘경 재정비 촉진 지구가 크게 자리합니다.

이곳은 대학교가 많은 곳이라 월세 수요가 굉장히 풍부한 지역입니다. 일반 주택들이 다 학생들 상대로 하숙이나 원룸 임대 사업을 많이 하고 있습니다. 대지 평수가 크지 않아서 단독으로 신축하거나 개발하는 것은 힘들어 보입니다. 매도하고 수익형 부동산으로 갈아탄다면 지금보다 높은 수익이 가능합니다.

요즘 뜨는 지하철 노선, 9호선과 7호선을 주목하라

Q : 삼성동의 다가구 주택을 관리가 힘들어 매도하려 합니다

삼성동의 대지 60평짜리 다가주 주택에서 거주 중입니다. 10년 전 8억 5000만 원에 매입했고, 시세는 평당 4000만 원 선으로 24억 원입니다. 보증금 1억 4000만 원에 월세 500만 원 받고 있습니다. 자녀들이 다 출가해서 집도 크고, 세입자 관리하며 월세 받는 것도 힘이 드네요. 매도하고 고향으로 내려가고 싶습니다.

A : 같은 물건이라도 상황에 따라 보유와 매도가 달라집니다

지하철 7호선과 분당선으로 더블 역세권인 강남구청역 인근으로 도보 5분 거리입니다. 9호선 선정릉역이 도보로 7분 거리고요. 7호선과 9호선이 요즘 가장 뜨고 있는 지하철입니다. 강남을 관통하는 두 노선이 2호선을 압도하는 모습입니다. 분당선을 이용해 2호선으로 환승하는 것도 용이해서 한창 뜨는 지하철 노선에 있는 물건입니다.

강남구청 주변으로 아파트들이 있는데 주택들도 많습니다. 이곳을 중심으로 초등학교와 중학교가 있고, 고등학교 학군은 길 건너 경기고등학교와 영동고등학교 등이 있는 지역이라 교통과 학군이 모두 받쳐주는 지역입니다. 요즘 한창 들썩이고 있는 삼성역 일대 주택 시설이 부족해서 삼성역 주변 개발과 함께 주택지로서 인기가 높아질 것입니다.

같은 물건이라도 상황에 따라 매도와 보유는 달라집니다. 이곳은 지역의 미래 가치상 보유하는 게 맞습니다. 그러나 관리가 힘들고 노후 주택에 거주하는 것이 불편하다든지, 집이 너무 크다든지 등의 이유로 매도를 생각할 수 있습니다.

10년 동안 세 배의 투자 수익이고 매달 월세 500만 원을 받으면 1년이면 6000만 원, 10년이면 6억 원을 받아서 수익 또한 올렸습니다. 물론 이 주택을 매도하고 주거할 주택 비용을 제하고도 월 500만 원 넘는 월세 수입이 가능한 물건들은 많으므로 미련을 가질 필요는 없습니다. 과감히 정리하시고, 남은 노후 생활 멋지게 지내시라고 권해드립니다.

부동산 투자에는 매도, 매수 타이밍이 중요하다

Q : 둔촌동 아파트 매도 타이밍이 궁금합니다

둔촌동 신성미소지움2차 34평을 보유하고 있습니다. 현재 전세 3억 8000만 원에 있고, 9년 전에 3억 8500만 원에 매입했고, 현재 시세는 5억 4000만 원입니다. 거주는 수지에서 전세로 살고 있습니다.

지하철 9호선 개통 호재가 있고, 보훈병원 앞입니다. 둔촌아파트가 2년 후에 재건축 이주 등이 있어 2~3년 후에 매도할지 지금 매도하고 수익형 부동산으로 갈아탈지 고민입니다.

A : 매도 후 수익형 부동산에 투자하기를 권합니다

둔촌역 8분 거리라 지하철 접근성이 좋습니다. 9호선이 연장 개통되면 보훈병원역에서 7~8분인 더블 역세권으로 변하는 입지입니다. 보훈병원 길 건너편에는 일자산과 공원이 있어서 자연환경적인 면에서도 입지가 좋습니다.

자금으로 노후 준비를 할 것인지, 내 집 마련 준비를 할 것인지 고민을 해봐야 할 것 같습니다. 아니면 차익형 투자로 돈을 불려 나가야 할 것인지 결정을 해야 합니다.

저라면 매도를 하고 지금 전세금과 여기서 나온 금액 중 8000만 원인 1억 6000만 원으로 내 집 마련 준비를 하겠습니다. 나머지 8000만 원은 수익형 부동산 준비를 권합니다.

주거 비용을 너무 많이 잡지 않는 것이 중요합니다. 수지에 주거를 하면서 전세로 계속 있어도 될 것 같습니다. 서울로 이사 계획이 있다면 8000만 원으로 재개발 지역에 전세와 대출을 활용해서 사업 시행 인가가 통과된 지역으로 분산 투자할 것을 권합니다.

대출을 받으면 대출 이자 일부를 부담하겠지만 사업 시행 인가 이후 관리 처분에 들어가는 기간을 늦어도 1년 반으로 잡고, 이주비를 받아 정리하면 대출 이자를 해결할 수 있습니다. 그리고 나머지 8000만 원으로 수익형 부동산에 투자해서 65만 원 정도 월세를 받으며 노후 준비를 하는 것도 좋은 방법입니다.

2년 동안 이곳에 자금을 묻어두고 가격 상승을 바라보는 것과 앞에서 이야기한 방법으로 투자하는 것을 두고 고민해보기 바랍니다.

부동산 투자에도 다운사이징이 유행이다

Q : 산본의 아파트 매도 후 전세로 살면서 투자할지 생각 중입니다

산본 래미안아파트 34평을 분양 받아 거주하고 있습니다. 시세는 5억 5000만 원에서 5억 8000만 원입니다. 노후 준비가 안 되어 있어서 이 집을 매도하고, 전세로 이사해 살면서 나머지 차액으로 수익형 부동산이나 다른 부동산에 투자하면 어떨까 하는 생각이 듭니다. 이렇게 준비하는 것이 맞는지 궁금합니다.

A : 거주비를 줄여 남은 금액을 투자하는 것은 좋은 발상입니다

금정역 1호선과 4호선의 더블 역세권으로 도보 9분 거리입니다. 2010년에 입주한 신축 아파트로 2300여 세대의 대단지입니다. 주변 지역의 랜드마크로서 안양IT단지의 배후 주거지이기도 합니다.

집을 다운사이징 하고 그 차액으로 다른 투자처를 찾는 생각은 행동으로 실천하기가 쉽지 않습니다. 투자는 어느 정도 위험을 감수하고 실천할 때 생기는 보상입니다. 주거비를 최소로 줄이고 나머지 자금으로 수익형이나 차익형에 투자해서 노후 준비를 하는 게 맞습니다. 용기를 가지고 발품을 많이 팔아 좋은 물건에 투자해서 멋진 노후 보내시길 기원하겠습니다.

Part 7

부자 DNA 만드는 법

생각을 바꿔야 부자가 될 수 있다

준비된 사람만이 달콤한 열매를 맛볼 수 있다

부동산 고수가 되고 싶다면 생각부터 바꿔야 한다. 가장 먼저 고수가 되겠다는 결심을 하고 매일 그 꿈을 위해 정진해나가야 한다. 연구원 가운데 한 분이 올해 연봉 1억 원 도전을 선언하고 매일 자신의 목표를 적은 글을 인터넷 카페에 올리며 마음을 다잡고 있다. 이렇게 자신의 목표를 정하고 매일매일 그 목표를 향해 시간과 노력을 기울일 필요가 있다.

부동산 투자도 마찬가지다. 내가 운영하는 연구소에 한두 달 얼굴 비치다 없어지는 사람들이 한둘이 아니다. 바빠서, 자금이 없어서, 금리가 오를까 두려워서, 부동산 가격이 떨어질까 봐 무서워서 등등 여러 가지 이유를 말한다. 하지만 이들은 부동산 투자로 성공해본 경험이 없는 사람들이다. 달콤한 열매를 먹어보지 못했기 때문에 열매의 맛을 알지 못

한다. 그 맛을 모르니 이런 부차적인 이유를 들어 걱정만 하는 것이다.

유동 인구가 많은, 수요가 충분한 지역을 골라 위험을 줄이고, 공실 없이 수익을 낼 수 있는 물건을 골라 투자하면 성공한다. 열심히 찾아 나서면 되고, 그럴 시간과 능력이 없으면 전문가들에게 도움을 받으면 된다. 중요한 것은 준비된 자금이 많고 적음의 문제가 아니라 하고자 하는 의지와 열정의 문제다.

동양의 고전《사기(史記)》에 이런 글이 나온다.

"돈이 없는 사람은 몸을 써서 돈을 벌고, 돈이 조금 있는 사람은 돈을 가지고 돈을 벌고, 돈이 많은 사람은 머리를 써서 돈을 번다."

준비된 사람만이 돈을 벌 수 있고 부동산 고수가 될 자격이 있다.

종잣돈이 투자의 첫걸음이다

나는 살던 아파트를 전세로 내놓고 세입자에게서 받은 전세 자금 8000만 원으로 부동산 투자를 시작했다. 종잣돈을 만들기 위한 생각이 투자의 첫걸음이다. 투자를 하다 보니 자금이 적게 들어가는 투자를 생각했고, 자기 자본이 적게 들어가야 계속 투자를 할 수 있었다.

그래서 경매도 배웠다. 경매는 적은 비용으로 시도할 수 있는 부동산 투자법으로 부동산 투자의 기본이라 할 수 있다. 자금이 적은 분들은 기본적으로 경매 공부를 시작하는 것이 좋다. 그래서 나는 부실채권 공부도 시작했다. 부실채권은 사람들에게 많이 알려지지 않은 부동산 투자 방법이다. 나에게 이 두 가지 공부는 종잣돈으로 시작하는 좋은 밑바탕이 되었다. 사실 경매와 부실채권 투자로 부동산 투자에 입문했다고 해도 과언이 아니다. 그리고 적은 비용으로 부동산 투자를 할 수 있었기에 공격적으로 투자할 수 있었다.

부동산도 무릎에서 사서 어깨에서 팔아라

2015년이 되면서 부동산 시장은 가파른 상승세로 돌아섰다. 경매나 부실채권 투자로는 싼값에 부동산을 확보하기가 어려웠다. 시장에서 부동산 가격이 하루가 다르게 치솟았다. 그래서 고민 끝에 물건 확보를 최우선으로 하자고 결론을 내렸다. 부동산을 돌며 바로바로 나오는 물건을 선별하여 투자하기 시작했다. 매입하고 잔금 치르는 한 달 사이에도 가격이 10퍼센트 넘게 오르기도 했다.

이렇게 부동산이 상승하는 국면에는 무조건 물건 확보가 우선이다. 몇 달 전의 가격을 생각하고 가격이 올라 부담스러워 투자를 못하는 일이 많다. 부동산도 무릎에서 사서 어깨에서 팔면 안전하다. 바닥까지 내려가면 사겠다고 기다리다가 어느 순간 가격이 오르면 그 전 가격을 알고 있어서 투자를 못하는 일이 많다. 전형적인 하수들의 모습이다.

부동산 고수가 되려면 어디가 바닥인지, 어디가 고점인지를 알아야 한다. 2013년이 바닥이었고 2014년부터 부동산 가격이 전국적으로 상승 국면이다. 2015년까지 이어진 부동산 시장의 상승 국면은 2016년을 기점으로 지방에서부터 가격 조정이 시작되었다. 서울·경기 일부 지역을 중심으로 가격을 이끌고 있는 모습이다.

나는 전체적인 부동산 시장의 가격은 이미 고점을 찍었다고 본다. 지금부터는 신중하고 철저히 지역 차별화를 통해 투자해야 한다. 더불어 국내 정치의 혼란으로 말미암아 국내 부동산 시장도 불확실성이 커져 가고 있다. 이럴 때는 선별적으로 지역 분석을 철저히 하고 안전 자산에 투자해야 한다.

부동산 공부를 시작한 시점부터 지금까지 다섯 배의 자산 증가가 있었다. 3년 동안 낸 세금만 해도 3억 원 가까이 된다. 난 세금을 좋아한다. 많이 벌어 더 많은 세금을 내고 싶다.

부자는 통장 잔고의 차이가 아니라 생각의 차이로 결정된다

부자가 되고 싶다면 생각을 바꿔야 한다. 아끼고 저축해서는 부자가 될 수 없다. 검소한 생활과 저축은 가난을 면하는 덕목이지 부동산 고수가 되는 덕목은 아니다. 부동산 고수가 되고 싶다면 더 많이 투자하고 더 많은 수익을 올려야 한다. 지금까지 살아오면서 생각하고 행동하던 방식을 버리지 않으면 절대 부동산 고수가 될 수 없다.

그래서 부동산 고수가 되는 첫 번째 덕목은 '생각의 변화'다. 부동산 고수가 되겠다는 생각과 함께 부자가 되고자 하는 이유와 목표를 세워 적어보자. 책상 앞에 붙여놓고 매일 읽으면서 결심하고 매일 그것을 노트에 적으면서 마음을 다잡아야 한다.

부동산 고수가 되겠다는 생각, 할 수 있다는 생각, 해내겠다는 생각, 어떻게 수입을 늘릴지에 대한 생각, 어떻게 투자 금액을 만들 것인지에 대한 생각, 남들이 생각하지 못하는 창조적이고 혁신적인 생각이 필요하다.

부동산 고수와 하수는 생각 자체의 차이와 생각하는 방식에 차이가 있다. 고수들은 도전적, 창조적, 통합적, 다각적, 유연한 사고를 한다. 하수들은 수동적, 고정적, 답습적, 획일적, 경직된 사고를 한다. 고수는 모험을 즐기고 실패를 두려워하지 않는다. 고수들은 효율적으로 행동하며 자신의 생각에 확고한 신념이 있다. 부동산 고수는 행동으로 생각을 표현하며, 부를 쌓는 자신만의 시스템을 갖고 있다.

부동산 고수가 되고 싶다면 자신에게 맞는 지역을 정하고 자금의 크기에 맞게 자신이 감당할 수 있는 범위 안에서 자주 투자를 해봐야 한다. 고수가 될 수 있는 조건을 갖추면 부는 자연히 따라온다. 남들보다 두 배 더 생각하는 사람은 열 배의 수입을 벌어들일 수 있다.

돈은 아이디어에 불과하다. 더 많은 부를 원한다면 먼저 생각을 바꾸어야 한다. 많은 생각은 상상력을 풍부하게 하고 상상력은 부동산 고수로 가는 원천이 된다. 모든 부는 마음에서 시작하며 의식에서 비롯한다. 《온! 리치(I can make you rich)》의 저자 폴 메케나(Paul McKenna)는 이렇게 말했다.

"부자를 만드는 것은 통장 잔고가 아니라 생각의 차이다."

부동산 고수의 공부

TIP

3년 전 부동산으로 전업을 결정하고 나는 이렇게 결심했다.

'1년 안에 생활의 안정을 찾겠다. 꾸준한 월세 수입으로 노후에도 안정적으로 생활할 수 있는 수익형 부동산을 만들자.'

1년 동안 월요일부터 토요일까지 경매와 부실채권 관련 수업을 들었다. 풍수지리 수업도 많은 도움이 되었다. 마케팅 수업과 세관 공매 수업, 강사 준비 과정, 책 쓰기 과정 등 1년 동안 1500만 원이라는 거금을 투자해 나를 무장해갔다. 늦은 시간 둥근 달을 보며 집으로 돌아가는 시간을 보내던 내게는 새로운 미래에 대한 희망과 꿈이 있었다. 이러한 시간을 보내며 나는 새로운 도약을 준비했다.

2014년은 투자와 공부를 병행했다. 2014년 가을부터 책을 쓰기 시작했고 2015년 1월부터 강의를 시작했다. 2015년부터 시작한 투자와 강의, 책 쓰기가 지금까지도 이어지고 있다. 2016년 교수님의 소개로 부동산 방송을 6개월 동안 진행했다. 화요일 방송, 수요일 상담, 목요일 상담, 금요일 세미나, 토요일 강의, 월요일 방송 준비로 일주일이 어떻게 지나가는지 모르는 너무나도 힘든 시간이었다. 그렇지만 보람도 있고 많은 경험을 했던 소중한 시간이었다.

부동산 고민 상담을 통해 개인들의 고민 내용을 알 수 있었다. 기본적인 내용까지도 모르는 일반 시청자들의 고민을 통해서 부동산 투자자로서나 강사로서나 책을 쓰는 저자로서 국민들이 부동산에 접근하는 방법에 대해 생각할 수 있는 기회가 되었다. 차후 인터넷 방송을 통해서 양질의 콘텐츠로 보답할 계획이다.

부동산 부자가 되려면 습관부터 바꿔야 한다

습관이 바뀌면 행동이 바뀐다

부동산 고수가 되기로 결심했다면 이젠 습관을 만들어야 한다. 부자 DNA를 만들기 위해서는 행동이 뒤따라야 하는데, 이런 행동은 습관에서 나온다. 어떤 습관을 지니고 있느냐에 따라 고수가 될 수도 있고 하수로 남을 수도 있다.

부동산 고수가 되기 위한 첫째 습관은 신문을 보는 일이다. 부동산 뉴스를 꾸준히 관심을 갖고 보고 듣고 읽어야 한다. 가장 기본적인 습관이 사람을 바꾸고 그 변화가 부자 DNA를 만든다.

두 번째 습관은 일주일에 최소 한 번 이상 현장에 나가 도시의 변화를 몸으로 느껴야 한다. 6개월에 한 번씩 같은 곳을 방문하는 습관을 만들어라.

그리고 세 번째 습관은 한 달에 한 번 서점에 가서 부동산 관련 책을 사는 것을 잊지 마라. 새로운 경험을 하기가 쉽지 않다. 그렇게 하려면 많은 비용이 들고 시간이 필요하다. 간접 경험으로 최대의 효과를 올릴 수 있는 방법이 바로 부동산 관련 책을 읽거나 저자 강연회에 참석하는 것이다. 책을 사서 읽는 것과 저자 강연회를 찾아다니는 것이 여러분이 처음에 만들어야 할 가장 중요한 습관이다.

습관은 머리로 하는 게 아니다. 행동을 통해서 몸으로 움직이는 것이다. 덥고 춥고, 비가 오고 눈이 오고, 귀찮고 힘들어도 만들어야 하는 것들이 이러한 습관이다. 부동산 고수들에게는 이렇게 작고 보이지 않는 그들만의 남다른 습관이 있다.

습관은 절대 배신하지 않는다. 부동산 고수가 되기 위한 준비는 좋은 습관을 만드는 것임을 다시 한 번 강조한다. 왜냐하면 습관은 한 번 만들어지면 바꾸기가 힘들기 때문이다. 한 번 만들어진 습관이 인생을 결정한다. 습관은 무엇이든 할 수 있게 만들어준다. 내가 만든 습관은 절대로 배신하지 않는다.

그 밖에도 도전하는 습관, 모험하는 습관, 길게 내다보는 습관, 계획하는 습관, 멀리 통찰하는 습관이 필요하다. 부동산 고수들은 무엇이 불필요한지 빨리 파악하고 그것을 멀리하며 시간을 아끼고 효율적으로 행동한다.

지금 만나는 사람들이 여러분의 미래 모습이다. 하루하루 자기계발을 하지 않고 생각 없이 친구들과 맥주 한잔, 치킨 한 마리로 시간을 보내고 있다면 여러분의 미래는 지금보다 더 나아지지 않을 것이다. 참고 인내하며 만들어가는 습관이 여러분의 미래를 결정짓는다.

수입을 늘려 현금 흐름을 좋게 해야 부자가 될 수 있다

아리스토텔레스는 이렇게 말했다.

"인간은 반복적으로 행하는 것에 따라 판명되는 존재다. 따라서 탁월함은 바로 습관에서 온다."

존 맥스웰(John C. Maxwell)은 이렇게 말했다.

"일상을 바꾸기 전에는 삶을 변화시킬 수 없다. 성공의 비밀은 자기 일상에 있다."

습관은 큰 힘이나 의도가 없어도 일상을 바꿀 수 있다. 내가 제일 중요하게 여기는 습관은 수입을 늘리는 습관이다. 근검과 절약은 1970년대 표어다. 이는 가난을 면하는 덕목이지 부자가 되는 덕목은 아니다. 수입을 늘려 현금 흐름을 좋게 해야만 부자가 될 수 있다.

중국의 베스트셀러 작가인《그는 왜 부자인가?》의 저자 구구는 이렇게 말했다.

"가난한 사람들은 저축을 좋아하고 부자들은 대출을 사랑한다. 한쪽은 끊임없이 푼돈을 집어넣고, 한쪽은 끊임없이 거액을 꺼내 간다. 사실 부자의 자본은 수많은 가난한 사람이 준 것으로, 가난한 사람은 부자들이 더 강해지고 튼튼해지도록 끊임없이 수혈을 해주고 있다."

결단에도 습관의 힘이 작용한다

부자가 되기 위해서는 결단하는 습관도 필요하다. 무언가 결정을 하면 뒤돌아보지 말고 전력으로 질주해야 한다. 강의를 하다 보면 많은 분들이 결정 장애의 늪에서 허덕이는 것을 자주 목격한다. 결정하는 것도 습관이다. 작은 일도 스스로 결정해 행동하고 책임질 수 있는 용기와 습관이 필요하다.

하루하루 반복되는 생각과 행동이 결국 습관이 되고 한 번 형성된 습관은 당신에게 반드시 보답을 해준다. 좋은 쪽이든 나쁜 쪽이든 습관은 상관하지 않고 자신이 만들어놓은 그대로 보답한다.

《논어(論語)》의 〈양화(陽貨)〉 편에서 공자는 습관의 중요성에 대해 이렇게 말했다.

"인간의 천성은 비슷하지만 습관에 의해서 완전히 달라진다."

습관의 변화는 천성의 변화를 가져오고, 천성의 변화는 미래의 변화를 가져온다.

부동산 부자 DNA를 만드는 4가지 습관

TIP

첫째, 신문과 뉴스를 통해 정보를 얻는다.

둘째, 최소 일주일에 한 번 이상 현장에 나가 변화를 체득한다.

셋째, 책을 읽고 저자의 강연회에 참석한다.

넷째, 알고도 행동하지 않으면 아무 소용이 없다. 수입을 늘리기 위해 직접 행동하는 습관, 모험하는 습관, 도전하는 습관을 들인다.

투기가 아닌 투자를 한다는 원칙을 세워라

수익형 부동산에 정확한 수익률을 예측하여 장기 투자하라

나는 부동산 투자를 시작하면서 몇 가지 원칙을 세워 지키고 있다. 그것은 '투기(投機)가 아닌 투자(投資)를 하자'는 것이다. 이런 우스갯소리가 있다.

"남이 하면 투기, 내가 하면 투자."

투기가 아닌 투자가 되기 위한 첫 번째 원칙은, 수익형 부동산에만 투자한다는 것이다. 첫 1년이 고비였다. 학원비에 활동비까지, 벌이는 없는데 교육비가 많이 들었다. 가지고 있는 얼마 안 되는 돈으로 생활하며 공부하기가 쉬운 일이 아니었다. 단기 매매의 유혹에서 벗어나기가 무척 힘들었다. 주위에서도 단기 매매로 목돈을 만드는 것이 좋다고 이야기했지만 나만의 원칙을 지켜 힘든 시간을 이겨나갔다.

그런 시간이 흘러 하나둘씩 쌓이기 시작한 물건은 30여 개에 달한다. 어느덧 월세가 2000만 원을 넘어섰다. 그때 단기 매매로 목돈의 유혹을 이겨내지 못했다면 지금의 모습은 상상할 수 없었을 것이다. 흔들리지 않는 나만의 원칙이 필요하다. 힘들고 어려운 일이지만 나는 이 원칙을 꾸준히 지켜나가고 있다. 이렇게 원칙을 만들어 지킬 때 목표에 도달할 수 있다.

두 번째 원칙은 투기성 부동산에는 투자하지 않는다는 것이다. 1000만 원으로 아파트 청약을 해서 당첨되면 프리미엄이 몇 천만 원이 오른다며 전국에 부동산 열풍이 불 때도 난 나와의 약속을 지켰다. 그럴 시간 있으면 책 한 권 더 읽고, 현장 한 번 더 나가 보는 게 낫다고 생각했다. 투자금이 모자라 소액으로 목돈을 만들겠다는 마음은 이해하지만 이렇게 요행을 바라는 투자는 나에겐 맞지 않는다. 앞으로도 이런 투자는 하지 않을 것이다.

나는 부동산 투자가다. 투자가는 정확한 수익률을 계산한 다음에 투자한다. 자기 자금 얼마를 투입해서 얼마의 수익을 올린다는 데이터가 나와야 투자하는 것이다. 본인이 투자하고 얼마의 수익을 올릴지 모른다면 그것은 투기다. 일확천금을 노리는 것은 건전한 투자가가 하는 투자가 아니다. 나는 자랑스러운 투자가로 남을 것이다.

세 번째 원칙은 장기 투자를 원칙으로 한다. 수익형 부동산의 특성상 장기 투자가 비용 절감 차원에서도 유리하다. 상업용 부동산은 일반 주택보다 취득세 부담이 높아 쉽게 사고팔면 비용 부담이 높아진다. 가장 단순한 원칙은, 상속 가능한 수익형 부동산에 장기 투자하는 것이다.

돈을 좇지 말고 가치를 좇아라

3년 전부터 매입한 부동산들은 최소 30~40퍼센트의 시세가 올랐다. 단기 매매의 유혹에서 벗어나 매달 월세를 받고 있고, 시세가 올라 대출을 받은 담보 비율도 그만큼 떨어져 안정적인 범위로 들어가게 되었다. 내가 3년의 짧은 시간 동안 부동산에 미쳐서 몰두한 결과다. 시대적 흐름도 잘 탔지만 그것은 결과론일 뿐이다.

2013년 부동산 시장은 완전히 바닥이었고, 그 바닥의 시점을 인지하고 과감히 투자했던 것이 맞아떨어진 것이다. 멀리 내다보는 통찰력과 혜안이 있었기에 가능했다. 나는 부동산에 남은 인생의 승부를 걸겠다는 마음으로 부동산에 미쳤다. 부동산으로 성공하여 최고급 주택과 최고급 차와 최고급 옷을 입고 부자의 삶을 살겠다는 큰 꿈을 꾸었다.

이런 어려운 시장에서 꼭 꿈을 이루겠다며 준비한 결과 드디어 기회가 왔고 나는 그 기회를 놓치지 않았다. 나에게 온 새로운 인생의 기회를 멋지게 잡은 것이다. 나만의 원칙과 정도를 지키며 그렇게 성공의 대열에 합류했다. 성공은 위험을 감수하고 투자를 한 보상이었다.

고수들은 항상 도전하고 모험을 즐긴다. 실패하고 더 많은 시련을 겪고 더 많이 넘어지지만 그들은 결국 고수로 살아간다. 열 번 실패해도 한 번 성공하면 된다는 생각으로 도전하고 또 도전하는 것이다.

동양의 고전 《대학(大學)》에 이런 말이 나온다.

"돈을 모으려면 반드시 지켜야 할 원칙이 있고 정도가 있다."

이것이 없으면 아무리 돈이 많은 부자가 되었다 해도 그 생명은 길지 않을 뿐만 아니라 참된 고수가 될 수 없다. 고수는 돈에 대한 원칙도 있어야 한다. 원칙과 정도가 없는 방법으로 번 돈은 오래가지 못한다. 돈에 대한 원칙이 없으면 돈의 노예가 될 뿐이다.

돈은 목적이 되어서는 안 되며, 원칙과 정도를 지키며 열심히 살았기 때문에 얻는 부산물이어야 한다. 돈을 목표로 좇는 사람은 결코 돈을 벌지 못한다. 돈보다 가치 창출이 먼저 이루어져야 한다. 원칙과 정도를 지킬 때 진정한 부동산 고수가 될 수 있다.

세계 최고의 투자가인 워런 버핏(Warren Buffett)은 자신의 투자 원칙에 대해 이렇게 말했다.

"적당한 시기에 우수한 주식을 골라 투자한 뒤 오랫동안 보유하는 것이다."

'투자'와 '투기'를 가르는 결정적 차이

TIP

세계적인 주식 투자의 귀재 워런 버핏의 스승으로 알려진 벤저민 그레이엄(Benjamin Graham)은 《현명한 투자자》란 저서에서 이렇게 말했다.
"투자는 철저한 분석에 따라 원금의 안전과 적절한 수익을 보장하는 것이고, 이러한 조건을 충족하지 못하는 행위는 투기다."

부동산 투자와 투기를 가르는 나만의 3가지 투자 원칙은 다음과 같다.

첫째, 수익형 부동산에만 투자한다.

둘째, 단기 매매의 유혹에서 벗어나야 한다.

셋째, 상속이 가능한 수익형 부동산에 장기 투자를 원칙으로 한다.

부동산 고수는 일하지 않고도 돈을 버는 시스템을 만든다

살아 움직이는 정보만이 당신을 고수로 만들어준다

부동산 고수가 되기 위해 필요한 것은 돈이나 부동산 그 자체가 아니라 돈과 부동산에 대한 정보와 지식이다. 여러분을 고수로 만들어주는 것은 이러한 정보와 살아 있는 지식이다. 책상에 앉아 가격 흐름을 알 수 없듯이 부동산 지식은 현장에 있다. 나는 매일 부동산에 출근을 한다. 사무실에 있는 시간보다 부동산에 있는 시간이 더 많을 때도 있다.

부동산 지식은 책이나 강의를 통해서 보고 듣는 것도 중요하지만 직접 투자를 해보아야 더 잘 이해할 수 있다. 강의로 들은 내용을 실전에서 사용하면 막연히 알고 있던 내용들을 체험을 통해 확실히 숙지하게 된다. 부동산 이론은 책 몇 권 읽어보면 다 나와 있다. 저자들의 이야기를 듣는 것은 그들만의 노하우를 알아보기 위함이다. 하지만 부동산 고수의 진정한 노하우는 현장에 있다.

부를 쌓아가는 시스템은 지식에서 나온다

2014년과 2015년에는 플라톤 아카데미에서 진행하는 인문학 강연을 들으러 다녔다. 일주일에 한 번씩 총 12회에 걸쳐 봄가을로 하는 강연이었다. 국내를 비롯해 해외의 유명한 철학자, 심리학자, 역사학자, 소설가, 평론가 등 많은 분들이 나와 각계각층의 자리에서 바라보는 사회적 모습과 인문학적, 철학적 이야기들로 꾸민 유익한 시간이었다.

이 강연에 가서 가장 놀란 것은 나이가 70세 전후인 부모님 세대들이 60퍼센트 이상이라는 점이었다. 저자 강연회나 자기계발 강연회는 비용도 조금씩 있고 내용도 젊은 층에 도움이 되는 내용이었다. 이렇듯 항상 젊은 사람들의 모임만 보다가 머리가 하얀 백발 노신사들의 모습을 보면서 문학이 있는 청춘을 보낸 기성세대들이 달라 보였다.

부동산 고수의 지식을 이야기하면서 왜 인문학 타령이냐는 사람도 있을 것이다. 하지만 인문학은 아무리 강조해도 부족하다. 인문학은 사람을 공부하는 학문이다. 사람을 이해하고 소통하는 것은 세상 이치를 깨닫는 것이다. 이 세상 이치를 깨닫는 것은 사람들의 심리와 생각과 행동을 이해하는 것이고, 모든 부(富)는 이렇게 사람을 이해하는 것에서부터 시작한다. 그러니 부자가 되려면 인문학적 지식도 필요하다.

부동산과 인문학이 안 어울린다고 생각할 수도 있다. 그렇지만 지금은 인문학적 지식이나 소양 없이는 모든 분야에서 앞장서기 어렵다. 인문학이란 인간에 대한, 인간에 관한, 인간을 위한 학문이다. 모든 상상력은 인문학을 통해 실체화한다. 위대한 부자들은 금융 지식뿐만 아니라 철학이나 문학, 역사와 같은 인문학적 소양이 반드시 필요하다고 확신한다. 부동산 고수가 되려면 금융 지식, 부를 창출해낼 수 있는 지식, 이전에 없는 새로운 부를 창출해낼 수 있는 시스템에 대한 지식이 필요하다.

여러분이 잘 알고 있는 워런 버핏을 부자로 만들어준 것은 재테크가 아니었다. 그를 부자로 만들어준 것은, 그가 어려서부터 읽어왔던 많은 책을 통해 얻은 경제와 경영 등 세상에 대한 지식이었던 것이다. 조지 소로스(George Soros)도 젊은 시절 막노동을 하면서도 공부에 매진했다.

성공한 사람들의 특징은 모두 다양한 분야의 책을 통해서 얻을 수 있는 살아 있는 지식을 가지고 있다는 점이다. 살아 있는 지식이란 현실성 있고 써먹을 수 있는 지식을 말한다.

부동산 고수는 부동산이 하나둘 늘어날 때마다 금융 지식도 쌓여간다. 그렇게 금융 지식을 쌓아갈 때 부가 같이 쌓이는 것이다. 금융 지식이 있어야 부동산 고수의 길에 들어설 수 있다. 부를 쌓아가는 시스템을 만들려면 반드시 금융 지식이 있어야 한다.

비워야 채울 수 있다

부동산 고수는 부동산을 매입하기까지 많은 시간과 노력을 필요로 한다. 그렇지만 매입을 하고 난 이후에는 자신의 에너지에 10퍼센트도 안 쓰면서 매달 일정 금액의 수입을 벌어들인다. 내가 일하지 않아도 나를 위해 돈을 벌어주는 시스템이 많을수록 부동산 고수의 자리에 오를 수 있는 것이다.

새로운 지식을 받아들이려면 내가 가지고 있는 것을 먼저 비워야 한다. 비워야 채울 수 있기 때문이다. 따라서 기존의 살아왔던 방식을 버리고 새로운 방식으로 살아야 한다. 기존의 생각을 버리고 새로운 생각으로 채워야 한다. 기존의 습관을 버리고 새로운 습관을 만들어야 한다. 기존의 법칙을 버리고 새로운 법칙을 지켜야 한다. 기존의 지혜를 버리고 새로운 지혜로 무장해야 한다. 기존의 지식을 버리고 새로운 지식으로 도전해야 한다.

나오는 글

수익형 부동산으로 제2, 제3의 월급을 만들어라

'나는 누구인가?'

'어떻게 살 것인가?'

'내가 원하는 삶은 무엇인가?'

이런 고민은 나를 다시 돌아보게 하였고 중년의 방황은 나의 인생을 완전히 바꾸어놓았다. 경제적 자유를 열망하던 나는 지금까지의 삶을 되돌아보면서 새로운 돌파구가 필요했다. 세 번의 사업 실패로 자살까지 생각했지만 오뚝이처럼 일어나 또다시 창업을 선택했다. 나에게 남은 것이라곤 대출받아 장만한 집과 18년간의 사업 노하우뿐이었지만, 그래도 내게는 꿈과 희망이라는 목표가 마음속 깊이 자리하고 있었다.

이번엔 부동산이다. 부동산에 나의 남은 인생을 쏟아붓기로 마음먹었다.

'어떻게 해야 하나?'

마음은 먹었지만 불안하고 막막했다.

'어디서부터 시작해야 하는 걸까?'

결국 책에서 답을 찾기로 했다. 도서관에서 부동산 관련 서적을 읽기 시작했다. 되도록 최신 정보를 얻기 위해 신간 위주로 보았다. 책을 읽고 틈틈이 저자 강연회를 찾아다녔다. 저자 강연회를 들으면 언제나 뜨거운 열정이 솟아났다.

집 근처 부동산 방송국에서 진행하는 무료 세미나에 다니며 기초 이론을 접했고, 강사들의 추천 물건을 통해서 어떤 지역에 어떤 물건이 유망한지 알게 되었다. 기본적인 지식을 책이나 무료 세미나를 통해서 접할 수 있었지만 그것만으로는 부족했다.

이론은 이론일 뿐 실질적인 수익으로 연결하기에는 무언가 부족했다. 도서관과 저자 강연회, 무료 세미나를 3개월 동안 열심히 듣고 다녔지만 직접 수익으로 연결되는 투자 공부가 필요했다.

이때부터 유료 강의를 듣기로 결심했다. 나에 대한 투자 없이는 돈을 벌 수 없다는 결론을 내렸다. 그렇게 처음 시작한 것이 부실채권 투자 수업이었다. 지금도 여러 곳에서 부실채권, 일명 NPL 수업을 진행하고 있다. 그리고 연달아 경매 수업을 들었다. 부실채권과 경매는 적은 비용으로 수익을 올릴 수 있는 가장 기초적인 부동산 투자 방법이다. 부동산으로 수익을 올리려면 이 정도 수업은 듣고 투자에 나서야 한다.

이렇게 시작하여 나는 만 2년 만에 월세 2000만 원을 받는 부동산 투자가가 되었다. 재테크 전문가로 한국NPL투자연구소를 운영하고 있고, SBS CNBC 방송국에서 〈부동산 따라잡기〉와 OBS 경인방송국 〈행복한 부동산〉 등에 고정 출연하였으며, 수익형 부동산 전문가로서 상담과 강의, 저자 활동을 하고 있다. 또한 활발한 활동을 하면서도 대학원에 진학해 학업을 이어가고 있다. 건국대학교 행정대학원 도시 및 지역계획학을 전공하고 있는 학생이기도 하다.

나는 매일 밤 잠들기 전 미래에 대한 꿈을 꾼다. 경제적 자유라는 꿈을 이루기 위해 끊임없이 새로운 것에 도전했고, 이룬 꿈을 지키기 위해 창조와 혁신이 필요했다. 더 나은 미래로 도약하기 위해서 주변인들과 소통하고 나누며, 배려가 있어야 했다.

이 책을 읽는 독자들은 임대 사업의 강점을 잘 활용해 경제적 자유를 이루고 행복한 노후 생활이 지속 가능하도록 만들어야 한다. 상담을 하면서 부동산을 매수하게 된 이유를 물어보면, 주변의 누군가가 사면 좋다는 말을 듣고 부동산 투자를 한 사람들을 자주 접한다. 선무당이 사람 잡는다고 목소리 큰 사람의 말을 듣고 투자를 하는 것이 아니라 자신만의 투자 철학을 먼저 세우고 투자에 임하도록 하자.

수익형 부동산으로 제2, 제3의 월급을 만들어보자. 내가 돈을 버는 시스템이 아닌 다른 무언가가 나를 위해 돈을 벌어주는 시스템을 많이 만들어야 부자가 될 수 있다. 만 3년의 짧은 시간 동안 상상할 수 없을 만큼 많은 노력을 통해서 부동산 투자 전문가가 되었다. 이 책은 부동산 공부를 위한 책이 아니라 수익을 목표로 하는 내용들로 구성했다.

수익은 투자를 해야 얻을 수 있다. 돈과 시간, 열정 없이는 투자 수익도 없다. 공부를 잘하고 싶으면 공부를 열심히, 많이 해야 하듯이 투자 수익을 올리고 싶으면 투자를 열심히, 많이 해야 한다. 당연한 이야기지만 그 당연한 기본을 못해서 부자가 되지 못하는 것이다. 생각을 바꾸고, 행동을 바꾸고, 본인만의 투자 원칙을 지키고, 지식과 지혜로 무장할 때 성공의 열매를 얻을 수 있다. 지금은 행동력, 실천력 등이 중요한 시대다. 행동으로 실천하지 않으면 아무런 변화도 없다. 백날 책과 씨름하며 동영상을 보고 수업을 들어도 본인이 투자해보지 않고서는 수익을 올릴 수 없다는 당연한 이치를 깨달아야 한다.

이 책을 통해서 부자가 되겠다는 꿈과 희망을 갖고 두려움을 극복할 수 있는 담대한 용기와 도전으로 경제적 자유를 이루기를 소망하며 마무리한다. 여러분 미래에 지속 가능한 행복이 있기를 기원한다.

저자 임정택 씀

부동산 투자 2년 만에 매달 2000만 원 받는

월세 부자의 비밀 노트

1판 1쇄 발행 2017년 2월 20일
1판 3쇄 발행 2017년 5월 15일

지은이 임정택
펴낸이 조윤지
P R 유환민
책임편집 김자영
디자인 woojin(宇珍)

펴낸곳 책비(제215-92-69299호)
주 소 (13591) 경기도 성남시 분당구 황새울로 342번길 21 6F
전 화 031-707-3536
팩 스 031-624-3539
이메일 readerb@naver.com
블로그 blog.naver.com/readerb

'책비' 페이스북
www.FB.com/TheReaderPress

ISBN 979-11-87400-12-7 (03320)

부동산 고수의 임장 노트

부동산 투자 2년 만에
매달 2000만 원 받는

부동산 고수의 임장 노트

지금 당장 써먹는 실전 부동산 워크북

| 임정택 지음 |

책비

차례

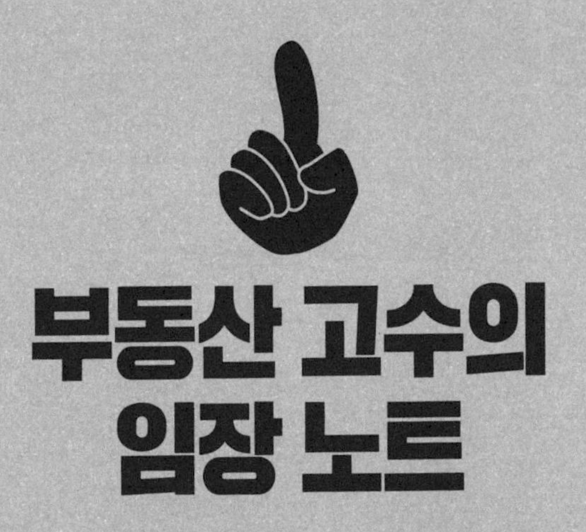
부동산 고수의
임장 노트

1. 임장이란 무엇인가?

부동산에서 현장 조사 나가는 것을 임장(臨場)이라 한다. 임장은 부동산으로 수익을 올리는 데 가장 중요한 활동이다. 임장을 통해서 물건의 하자를 확인할 수 있고, 가격을 파악할 수 있고, 부동산의 가치를 알 수 있다. 전화로만 시세를 물어보고 현장을 가지 않는 경우가 있다. 진정한 고수가 되려면 그런 얄팍한 꼼수는 쓰지 않기를 당부한다.

◆ ◆ ◆

2. 임장의 종류

1) 물건 임장

임장은 크게 두 가지로 나눌 수 있다. 첫 번째는 물건 위주로 보는 것이다. 임장을 나갈 때 타깃이 되는 물건을 정해서 나간다. 경매나 부실채권에 투자할 때 이용하는 방법이다.

① 물건의 상태를 정확히 알아본다

물건 임장의 가장 큰 특징은 물건의 주변 환경과 시세, 물건의 상태를 정확히 알아보는 것이다. 효율적인 임장을 위해서 동선이 비슷하거나 가까운 물건지는 같이 묶어 임장 계획을 세운다. 그리고 각 물건에 대한 상황, 어떤 지역인지, 교통편은 어떤지, 인근 개발 호재나 지역적 이슈가 있는지, 소유주가 어떤 상황인지, 실거주자가 누구인지, 체납된 관리비나 수리비 등 미리 확인할 수 있는 모든 사항을 출발 전에 꼼꼼히 조사하여 파악한다. 이런 사전 준비부터가 임장의 시작이며, 준비가 잘돼 있어야 만족스러운 임장 결과를 가져올 수 있다.

② 대중교통을 이용해 주변 환경을 체크한다

물건의 상태를 정확히 알아보는 것은 지하철이나 버스 정류장에서부터 시작한다. 이를 통해 대중교통과 얼마나 떨어져 있는지 거리를 확인한다. 보통 투자 물건의 경우 대중교통, 특히 지하철역에서부터 걸어서 10분을 넘지 말아야 한다. 지하철에서 내려 버스를 타고 이동하는 물건은 투자 물건에서 제외하는 것이 좋다.

반드시 대중교통 정류장에서 물건지까지 직접 걸어가 보기를 바란다. 요즘은 스마트폰 어플을 이용하여 '도보 OO분'으로 쉽게 정보를 얻을 수 있지만, 직접 걸어보면 시간 면에서 차이가 날 수 있고, 경사지가 있어 평면상의 지도보다 더 멀리 느껴질 수도 있다. 또 운 좋게 지도에도 없는 지름길을 발견할 수도 있다.

물건지로 이동하면서 주위의 편의 시설이 얼마나 있는지 두리번거리며 걸어가 보면 실거주자의 입장에서 생활의 편리성이나 환경적인 면도 같이 체크할 수 있다. 이러한 모든 요소들이 결국 물건지의 가치, 궁극적으로는 가격(매매/임대)에까지 영향을 미친다.

③ 주변 상인이나 부동산 중개업소를 이용한다

대상 물건지에 도착해서는 외관상 건물에 문제가 있는지 찾아본다. 빌라는 복도나 계단, 외벽 등에 누수 흔적이 있는지 꼼꼼히 살펴본다. 아파트는 주차 시설을 확인하고 세대수 등과 단지 내 편의 시설을 확인한다. 동네 슈퍼나 세탁소가 있다면 음료수 등을 사면서 자연스럽게 이야기를 나눠본다. 주변 상인들이 그 지역의 많은 내용을 알고 있기 때문이다.

그리고 직접 거주하는 이웃들에게 해당 건물에 대해 물어보는 것도 좋은 방법이다. 건물에 이상은 없는지, 살기 좋은지 등, 이런 얘기를 하다 보면 가끔 해당 건물 내부까지 볼 수 있는 행운이 따르기도 한다. 아니면 좀 더 적극적으로 양해를 구하고 보여달라고 부탁해보는 것도 좋은 방법이다. 뭐든 두드

려야 열리는 것은 당연한 이치다. 물건지 주변을 둘러보았으면 부동산 중개업소에 들러 시세 조사를 한다.

2) 지역 임장

① 초보자는 지역 임장이 먼저다

두 번째는 지역 임장이다. 신문에서 나온 개발 지역 등을 둘러보는 것이 지역 임장이다. 처음 부동산에 입문했다면 물건 임장보다 지역 임장을 해야 한다. 물건 임장은 지역 임장을 통해 투자 지역을 선정한 뒤에 해도 늦지 않다. 처음부터 사지도 않을 물건을 조사하는 것은 맞지 않다.

② 개발 계획이 발표된 지역을 위주로 임장한다

지역 임장은 개발 계획이 발표된 지역 위주로 해보자. 서울을 중심으로 이야기한다면 용산역을 기준으로 삼각지를 지나 서울역까지 둘러보는 코스가 있을 것이다. 용산역을 끼고 우측으로 자리한 국제 업무 지구 지역을 돌아 효창운동장 방향으로 크게 돌아보는 코스도 있다. 용산역에서 한남동 재개발 지역으로 넘어가는 용산공원을 지나가는 코스도 좋다. 이렇게 지역 임장 코스는 본인들이 만들어 다니는 것이다.

부동산 투자는 엉덩이로 책상에 앉아서 하는 공부가 아니다.

발품을 많이 팔아 얻은 정보로 새로운 수익을 만들어내는 것이다. 오늘 걷는 한 걸음 한 걸음이 부자로 가는 성공의 길이란 사실을 명심하길 바란다.

◆ ◆ ◆

3. 임장 시 해야 할 일

1) 분석할 지역을 선택하라

임장 지역은 신문이나 매스컴에 발표된 개발 호재가 있는 곳부터 시작한다. 곧 개발이 진행되는 곳을 미리 가보고 왜 이곳이 개발되어야만 하는지, 개발 계획을 잡은 이유를 느껴보자. 오래된 건물이 많아 재개발을 해야 하는 것인지, 새로운 도시 계획으로 다른 지역과 연계된 개발 계획인지 보도 자료를 통해 알 수 있다. 정부에서 발표한 개발 계획(제4차 국토종합계획이나 서울시2030도시계획) 등을 참조한다.

2) 지역 임장을 통해 상권의 변화를 느껴보자

임장은 같은 지역을 최소 6개월에 한 번씩 돌아보아야 한다. 개발이 한창 진행 중이거나 이슈가 많다거나 본인의 관심 지역이라면 자주 가서 계속 변화를 체크하는 것이 좋다. 특히 투자까지 생각한다면 수시로 들락거려야 한다. 부동산 중개인도 자주 찾아오고 연락하는 손님에게 좋은 물건을 제일 먼저 알려주게 되는 건 당연한 이치다.

개발 계획이 발표되어 개발 시작 전의 모습과 개발을 시작해 변해가는 모습을 보면서 도시 계획의 과정을 지켜볼 수 있는 좋은 기회다. 왜 변해가는 모습을 봐야 하냐고 생각할 수도 있을 것이다. 개발을 해야만 하는 이유를 알고 있으면 다음에 다른 지역을 둘러보았을 때 '아, 이 지역은 곧 개발되겠구나' 하고 파악하는 것이 가능하다. 열심히 발품을 팔아야 하는 까닭이다.

3) 가격 조사를 한다

임장을 나가면 가격 조사는 필히 해야 한다. 목적에 따라 다를 수도 있지만 기본적으로 매매 가격, 전세 가격, 월세 가격은 반드시 확인한다. 이 경우에도 물건마다 환경이 다르므로 최저 가격, 평균 가격, 최고 가격까지 확인하고, 가격뿐만 아니라 수요자의 연령, 가족 구성, 목적 등의 기본적인 특성까지도 파악을 한다면 좀 더 입체적인 조사가 될 것이다. 자주 임장을 하다 보면 이번 임장을 나갔을 때 가격과 몇 개월 후에 달라진 가격의 변화를 느낄 수 있다.

개발이 진행되고 있으면 가격의 변화도 함께 온다. 이런 변화를 따라가며 습득해야 한다. 이것은 아무도 가르쳐주지 않는다. 책이나 학원에서는 절대 알 수 없는 부분이다. 몸으로 익혀야 할 항목이 있다. 부자 DNA가 있듯이 부동산 DNA도 있다. 현장에 돈이 있다. 더워도 추워도, 비가 와도 눈이 와도, 현장을 찾아야 하는 이유다. 백날 말을 해야 알 수 없다. 현장에 한 번 나가 보면 금방 알 수 있다. 책 한 권 읽고 모든 것을 알 수는 없다. 그냥 바람 쐬러 요즘 뜨고 있는 지역에 가서 운동 삼아 한 바퀴 돌고 차 한잔하고 와라.

4) 지역 중개사와 친분을 쌓아라

지역 정보는 다양하게 얻을 수 있다. 그 지역에 사는 사람한테 들을 수도 있고, 지나가다가 동네 아주머니에게 말을 걸어 얻을 수도 있다. 하지만 그 지역의 가장 많은 정보는 공인중개사가 가지고 있다. 지역마다 한 군데 정도는 인사하고 들어가 차 한잔할 수 있도록 관계를 쌓아야 한다. 너무 어렵게 생각할 필요 없다.

의외로 처음 중개소에 들어가 대화하는 것을 굉장히 불편해 하는 사람들이 많다. 혼자 가기 힘들면 다른 사람과 함께 방문해서 심리적 부담을 줄이는 것도 방법이다. 쉽게 생각하라. 지금은 내가 정보를 구하는 입장이지만 어느 순간 내가 고객이 될 수도 있다. 서로 필요한 관계이니 좋은 인연을 만든다고 생각하고 자주 들러서 친해지길 바란다.

◆ ◆ ◆

4. 임장 시 지역을 살펴볼 때 중시해야 할 요소

다음 네 가지는 투자 지역을 선택하는 가장 중요한 요소들이다. 명심하고 원칙으로 삼아 이를 어기는 일이 없어야 성공할 수 있다.

1) 개발 호재가 있는지 살펴본다

'물 들어올 때 노 저어라'라는 속담이 있다. 부동산에서 큰 요소 중 하나가 개발 호재인 만큼 이런 시기를 잘 탄다면 좀 더 큰 수익을 창출할 수 있다. 돈이 모이는 곳에 있어야 돈을 벌 수 있는 것이다. 정부 개발 계획을 기본적인 투자 지역으로 삼아 투자해야 한다.

2) 역세권과의 거리를 따져본다

사람이 모일 수 있는 지역이어야 한다. 역세권이 중요한 것은 역을 중심으로 사람이 많이 오가기 때문이다. 지하철역과 도보 10분 이내 거리의 부동산에 집중한다. 가격이 비쌀 수 있지만 역세권이어야 공실 위험을 줄일 수 있다.

3) 학군을 살펴본다

부동산에서 특히 도로를 건너지 않고 도보로 통학할 수 있는 초등학교가 있는 지역은 부동산 가격의 든든한 기초가 된다. 그리고 대학 진학률이 좋은 중·고등학교 주변은 가격이 흔들리지 않는다. 기본 수요가 꾸준하고 소득 수준도 받쳐주므로 좋은 투자 지역이다.

4) 지역 인프라를 확인한다

공원, 강, 산, 호수, 병원, 마트, 극장 등 삶의 질을 높일 수 있는 공간이 있어야 한다.

◆ ◆ ◆

5. 임장 시 시세 파악하는 방법

임장에서 가장 중요한 일 가운데 하나가 시세 파악하기다. 시세를 파악하는 이유는 내가 투자하는 금액이 과연 적당한지에 대해 답을 찾는 것이다. 다른 지역과 비교했을 때 같은 금액을 투자해 더 높은 수익률이 나온다면 좋을 것이다. 그러나 반대로 같은 금액을 투자해서 더 낮은 수익을 얻는다면 올바른 투자라 할 수 없다.

투자는 적은 비용을 들여 최대의 효과를 얻어야 한다. 부동산 투자도 기본적으로 경제 논리에 맞아야 한다. 그러기 위해서는 시세 파악을 기본으로 해야 하고, 파악한 금액으로 투자 금액을 산출하고 대출을 제외한 실투자 금액을 뽑아야 한다.

이렇게 실투자 금액이 나오면 필요 경비와 부대 비용을 산출해서 총 투자 비용을 산출한다. 전세나 월세로 임대를 놓았을 때 세입자에게서 받는 보증금은 총 투자 비용에서 제외한다. 월세를 가정할 경우 월세에서 월 대출 이자를 제외한 금액이 월 순이익이고, 여기에 12개월을 곱하면 연간 순이익이 된다. 연간 순이익을 총 투자 비용으로 나누면 연간 수익률이 나온다.

◆ ◆ ◆

6. 시세 조사를 통해 수익률을 따져보라

시세 조사를 하는 까닭은 이처럼 복잡한 수익률을 따져보기 위함이다. 얼마에 매입하느냐에 따라 투자 수익률이 달라진다. 또 전세와 월세 시세에 따라서도 투자 수익률이 확연히 달라진다. 자금이 많아 이런저런 생각 안 하고 매입해서 시간이 흐른 뒤에 가격이 올라 매도 차익을 얻을 수 있다면 이런 수익률 계산은 필요 없다. 그렇지만 부동산으로 자산을 늘려가고자 재테크에 관심을 갖고 노후 준비를 위해 공부하는 사람이라면 이런 수고는 당연한 것이다.

시세 대비 실투자 금액을 뽑아보는 일도 습관이다. 실투자 금액을 줄이기 위해 대출을 알아보고 몇 퍼센트의 대출 규모로 투자를 할 것인지 선택하는 것도 습관이다. 매입한 물건을 전세로 투자할 것인지, 월세로 투자할 것인지 선택하는 연습도 습관이다. 이런 습관들이 모여 생활에 변화를 가져온다. 사소한 습관들이 모여 기초 체력을 쌓고, 자신도 모르는 사이 부동산 투자의 고수에 점점 다가서게 되는 것이다.

이런 습관이 쌓이면 머릿속에 혼자만의 기준이 생긴다. 길을 걷다 보면 부동산 중개업소에서 적어놓은 주변 아파트나 빌라의 매매 가격과 전세 가격, 월세 가격을 흔히 볼 수 있다. 어느 정도 수준이 되면 중개업소에 들어가지 않아도 밖에 적어놓은 정보만으로도 이 지역이 투자 가치가 있는지 없는지, 투자 수익률이 내가 생각하는 수준으로 나오는지 아닌지를 알 수 있다.

임대 사업은 임차인이 있어야 가능한 사업이므로 임차인이 풍부한 지역에서 실투자 금액 대비 높은 수익률이 나올 수 있는 물건을 선택해 투자하는 것이 핵심이다.

◆ ◆ ◆

7. 손쉽게 수익률을 계산하는 방법

① 수익률 = 순이익 / 실투자 금액×100

② 수익률 = (연간 임대료 − 연대출 이자) / (부동산 매입가 − 대출금 − 보증금)×100

③ 수익률 = (월임대료×12 − 월 이자×12) / (부동산 매입가 − 대출금 − 보증금)×100

수익률은 실제 투자한 금액 대비 순이익으로 산출한다. 대출을 받지 않는다면 수익률 계산은 간단하다. 오피스텔을 1억 원에 매입하여 보증금 없이 월세 50만 원을 받는다면 수익률은 얼마일까? 연간 월세 수입은 600만 원이고 이를 1억 원으로 나누면 6퍼센트가 된다. 즉, 자기자본을 100퍼센트 투입 시 오피스텔 수익률은 6퍼센트다.

오피스텔 매입 시 50퍼센트 대출을 받았다고 가정해보자. 5000만 원을 이자율 3퍼센트로 대출을 받았다면 매월 대출이자는 12만 5000원(5000만 원×3퍼센트/12개월)이다. 월세 50만 원에서 월 대출 이자를 제외하면 월 순이익은 37만 5000원이고 연간 순이익으로 환산하면 450만 원이 된다. 실투자 금액이 5000만 원이므로 투자 수익률은 9퍼센트(450만 원/5천만 원)로 상승한다.

자기자본을 100퍼센트 투입했을 때 오피스텔 수익률은 6퍼센트였다. 수익률(6퍼센트)이 대출 이자율(3퍼센트)보다 높다면 대출을 많이 활용할수록 수익률은 기하급수적으로 상승한다. 따라서 수익형 부동산에 투자한다면 감당할 수 있는 범위 내에서 대출을 적절히 활용하는 것이 좋다.

수익률을 더 간단하게 계산하는 방법이 없을까? 아래 공식을 잘 기억하기 바란다.

수익률 = 자기자본 수익률 + (대출 비율 / 자기자본 비율) × (수익률 – 이자율)

위 식을 이용하여 오피스텔 수익률을 계산해보자. 수익률을 계산하려면 100퍼센트 자기자본 투자 시 수익률을 먼저 계산해야 한다. 100퍼센트 자기자본 투입 시 월세 50만 원(연간 600만 원)을 받을 수 있으므로 오피스텔 수익률은 6퍼센트다. 대출 비율 / 자기자본 비율은 매입 금액을 100퍼센트로 했을 때 대출 비율과 자기자본 투입 비율을 구하는 것이다. 예를 들어 대출이 60퍼센트, 자기자본 40퍼센트면 60/40을 입력하면 된다.

50퍼센트 대출을 받는 경우에 위 공식에 따라 수익률을 계산하면 아래와 같다.

수익률 = 6% + 50/50 × (6% − 3%) = 6% + (1% × 3%) = 9%

대출을 80퍼센트 받은 경우(자기자본은 20퍼센트)에는 수익률은 18퍼센트로 증가한다.

수익률 = 6% + 80/20 × (6% − 3%) = 6% + (4% × 3%) = 18%

그렇다면 90퍼센트 대출을 받는다면 수익률은?

수익률 = 6% + 90/10 × (6% − 3%) = 6% + (9% × 3%) = 33%

수익률이 대출 이자율보다 높을 때 대출을 많이 받을수록 수익률은 급격히 상승한다. 이를 레버리지 효과(Leverage effect)라 부른다. 레버리지는 지렛대를 의미한다. 대출을 수익률 상승의 지렛대로 활용한다는 의미다.

◆ ◆ ◆

8. 임장 전후에 입지를 분석하라

부동산 투자에서 가장 중요한 요소는 입지(立地)다. 투자하려는 지역이 미래에 발전 가능성이 있느냐 없느냐에 따라서 투자할지 말아야 할지를 결정해야 한다. 입지는 미래 가치가 높아야 한다. 현장 조사를 할 때 물건 임장보다는 지역 임장을 하는 까닭도 미래 가치 때문이다. 미래 가치를 살펴보는 입지 분석을 위한 임장을 해야 폭넓은 시각을 가질 수 있다.

서울을 예로 들어보자. 서울의 지하철역은 340여 개 이상이다(부산 128개, 대구 89개, 광주 20개, 대전 22개). 더블 역세권만 해도 50여 개가 넘는다. 다시 말하면 투자 지역이 300곳이 넘는다는 뜻이다. 이 중에 더블 역세권이면 더 투자할 가치가 높은 지역이다. 지방 도시에 전철역 하나 들어서거나, 광역철도 하나 생기는 것이 투자 유망 지역이라고 생각한다면 다시 생각해보기를 바란다.

일단 대중교통을 잘 갖춘 곳이 투자 대상 1순위다. 사람들의 접근성이 제일 중요하다. 다니기 편하고 접근하기 쉬워야 투자 가치가 있다. 주변에 일자리가 많은 곳이나 소득 수준이 높은 곳도 투자하기에 좋다. 일자리가 있어야 사람이 모이고, 소득 수준이 높아야 전세나 월세 가격을 잘 받을 수 있으며, 임대료 체납에 대한 걱정도 줄어든다. 그만큼 부동산 투자의 기본은 입지 선택에 있다.

부동산 투자의 큰 흐름을 이해한 다음에 작은 부분으로 접근하는 방법이 좋다. 정부에서 세워놓은 큰 그림을 알아야 입지 선택에도 도움이 된다. 나라에서 국토를 어떻게 효율적으로 개발, 이용, 보존해야 할지 계획을 세운다. '국토종합계획'이나 '서울시 2030도시기본계획'과 같은 개발 계획들을 참고해서 투자 지역을 선정한 다음 투자 범위를 좁혀나간다. 누군가의 말이 아닌 정확한 통계와 자료가 있는 곳에 투자해야 한다.

◆ ◆ ◆

9. 아파트 임장 시 유의 사항

1) 접근성이 좋은지 확인한다

지하철역이나 버스 정류장에서 걸어서 7분 이내여야 한다. 부동산의 기본은 사람이므로 사람이 많이 다닐 수 있는 곳인지 눈여겨본다.

2) 진학률이 좋은 학군에 있는지 확인한다

학교가 많다고 학군이 좋은 것은 아니다. 명문대학교를 많이 보내는 고등학교 학군이 있어야 한다. 요즘은 유치원부터 친구들과의 모임이 시작된다. 유치원부터 초등학교, 중학교, 고등학교까지의 모임이 이어지고 있다. 좋은 인맥을 만들기 위해 유치원부터 신경 쓰는 것이 요즘 현상이다.

3) 소득 수준이 높은 곳인지 확인한다

소득 수준이 높은 곳은 일자리가 많은 곳이다. 일자리가 많다는 것은 그만큼 소비 여유가 있다는 뜻이다. 여유가 있는 곳에서 임대업을 해야 공실이 안 생기고 월세가 밀리지 않는다.

4) 1000세대 이상의 대단지인지 확인한다

세대수가 많은 곳은 편의 시설을 잘 갖추고 있다. 주변 환경이 쾌적하고 다수의 주민들이 집값을 받쳐준다.

5) 강이나 호수, 산, 공원 등의 조망권이 있는 아파트인지 확인한다

앞으로는 자연환경이 좋은 지역과 조망권의 가치가 높아진다. 아파트 단지나 층에 따라 조망권이 달라지고 프리미엄도 차이가 많이 난다.

◆ ◆ ◆

10. 빌라 임장 시 유의 사항

1) 교통이 좋은지 확인한다

빌라는 젊은 신혼부부나 사회 초년생, 1인 가구의 사용자들이 많다. 젊은 세대들이 쉽게 접근할 수 있고 출퇴근이 가까운 지역이 좋다. 또 신혼부부라면 유치원부터 시작되는 자녀의 친구 관계에 신경 써야 하며 학군까지도 염두에 두어야 한다.

2) 건물의 노후도를 확인한다

복도나 계단에 누수 흔적이 있는지 꼼꼼히 살펴본다. 월세를 내야 하는 세입자로서는 외부 디자인이 고급스럽고, 승강기와 CCTV 등 보안이 잘되어 있고, 편의 시설을 잘 갖춘 곳에서 살고 싶어 한다. 그래서 낡은 건물보다는 새로 지은 건물이 인기가 좋으니 투자 시에는 이 점을 고려하는 것이 좋다. 또 정부가 신축 빌라 구입 시 취득세 면제와 종합 부동산세 등에서 세제 혜택을 일시적으로 확대하고 있다.

3) 내부의 편의 시설을 잘 갖추었는지 확인한다

에어컨, 침대, TV, 냉장고, 세탁기, 책장, 옷장, 수납장 등과 같이 소소한 살림살이가 풀 옵션으로 들어가 있고, LED 조명과 정수기 등과 같은 편의 시설을 완비했다면 투자 시 공실 위험이 줄어든다.

4) 주변 지역의 개발 호재가 있는지 알아본다

개발 계획과 공공 기관 이전, 산업 생산 시설 입주 등과 같은 호재가 있는 지역은 일자리가 늘어나는 지역이다. 그곳에 근무할 근로자들을 대상으로 투자 지역을 좁혀가는 것도 좋은 방법이다.

5) 주변 편의 시설이 잘되어 있는지 확인한다

혼자 생활하는 젊은 층은 집에서 밥을 해먹지 않는다. 집 밖에 편의점과 식당, 커피숍 등이 있는 지역이면 주택가보다 회전율이 빠르다. 사람이 많이 왕래하는 지역이 수요가 많은 지역이다. 젊은 수요층의 변화를 잘 감지하자.

6) 사무실이나 대학교와 같은 임차 수요가 풍부한 도심 지역이 좋다

조용한 주택가를 벗어나면 시끌시끌한 먹자골목과 대학교, 사무실 등 배후 주거지가 있는 곳이 금상첨화의 지역이다.

7) 불법 건축물인지 확인한다

불법 건축물인지 확인해야 하는 까닭은 베란다 불법 확장에 따른 이행 강제금 부과 등 행정 처분을 받을 수 있기 때문이다. 또 근생 빌라와 같이 불법으로 용도 변경을 하여 주택으로 사용하고 있는지를 확인해본다.

◆ ◆ ◆

12. 오피스텔 임장 시 유의 사항

1) 오피스텔은 유동 인구가 많은 역세권에 위치한 물건인지 확인한다

오피스텔 투자 시에는 지하철로 도보 5분 이내에 있는 초역세권으로 제한한다. 지하철역에 바로 붙어 있는 오피스텔만을 투자 대상으로 좁혀라. 비용이나 안전성, 환금성 등이 다른 수익형 부동산과 비교하면 고만고만하다.

2) 정확히 상권을 분석하여 투자하기에 안전한 지역인지 확인한다

오피스텔은 철저히 수익형 부동산이다. 웬만해서는 분양가 이상으로 가격이 오르지 않는다. 오피스텔은 핵심 지역에서 공실 없이 매달 월세를 받는 것이 최대의 장점이다.

◆ ◆ ◆

13. 다가구 주택 임장 시 유의 사항

1) 주변 상권을 확인하라

다가구 주택은 보통 대로변이 아닌 주택가에 있으므로 주택 골목 상권이나 지하철 역세권, 시장 주변, 학교 주변, 아파트 주변 등이 좋은 지역이다. 수도권보다는 지방으로 갈수록 수익률은 높으나 공실의 위험도 함께 높아진다.

2) 기존 상권이 확장되는 지역을 눈여겨보라

중심 상권에서 길 하나 차이로 떨어진 곳에 위치한 물건들에 관심을 가져라. 기존 상권보다 보증금과 월세가 낮게 형성된 물건들이 상권의 확장으로 가치가 오르기도 한다.

◆ ◆ ◆

14. 상가 임장 시 유의 사항

스트리트형 상가를 눈여겨보라. 스트리트형 상가는 편의점, 커피숍, 부동산, 제과점 등이 기본으로 들어가는 업종이고, 단지 규모에 따라 호프집, 식당 등으로 구성되어 있어 소비자들이 한 곳에서 편의 시설을 즐길 수 있는 공간이므로 투자 성공 확률이 높다.

◆ ◆ ◆

15. 업무 시설 임장 시 유의 사항

첫째, 업무 시설 임장 시에는 전문성과 테마가 있는 지역인지 확인한다. 둘째, 접근성과 전문성을 갖춘 지역인지 확인한다.

16. 임장 시 필수 체크 사항

1) 임장 전 파악해야 할 것

지도를 출력해 현장에서 우왕좌왕하지 않도록 둘러볼 동선을 미리 파악한다.

2) 임장 중에 파악해야 할 것들

① 위치 및 주변 시설

- 지하철역 유무와 거리
- 버스 정류장 유무와 거리
- 4차선 도로 유무와 거리
- 편의점 및 가게 유무
- 시장 및 대형마트 유무
- 소음 및 유해 시설 유무

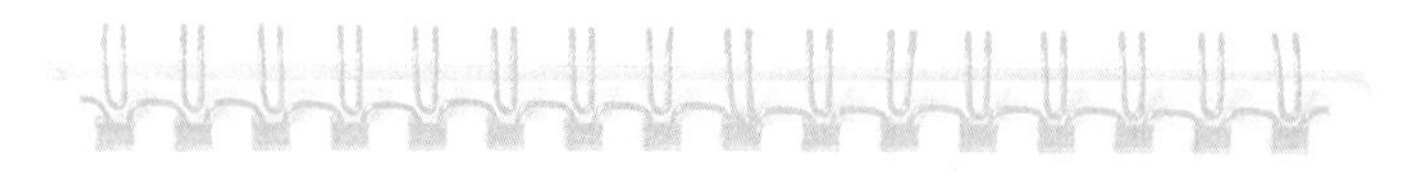

② 건물 내/외부

- 방의 개수
- 내부 청결도(창고, 계단, 옥상, 엘리베이터 등)
- 인테리어 및 도배 / 장판 상태
- 수도 및 도시가스 고장 여부

③ 인근 중개업소를 통한 매매 및 전월세 시세 조사

◆ ◆ ◆

17. 임장 체크리스트

1) 경매 물건 임장 체크리스트 예제

경매 물건 임장 체크리스트			
물건 개요(경매 물건 시)		건물 체크 포인트	
사건 번호	2013타경24051	노후도	없음
감정가	340,000,000	주차 대수	양호
최저가	272,000,000	도시가스 여부	O
매각 기일	2014. 2. 18	누수 여부	X
소재지	서울시 금천구	승강기 유뮤	O
면적	33.14평	채광	O
건물 준공	2010. 10	관리비 체납 여부	없음
주위 환경 체크 포인트		관리 사무실 연락처	02-811-3100
지하철역	가산디지털역 400미터	중개소 연락처	02-811-3455
버스	정류장 인접	매매 금액	340,000,000
편의 시설	편의점, 커피숍 등	급매 금액	340,000,000
관공서	주민센터 인접	전세 금액	
개발 호재	서부간선도로 등	월세 금액	2,000,000
교육 여건	산업 시설 위주	매매 수요	많음
유해 시설	철도 인접 소음	임대 수요	많음

2) 주택 임장 체크리스트 예제

주택 임장 체크리스트			
주소	서울시 광진구		
면적	대지 50평		
준공 연도	2010년		
1. 주변 시설	**유무**	**거리**	**기타**
지하철역	O	200M	아차산역
버스 정류장	O	100M	
대형 마트	O	3KM	
재래시장	O	500M	
편의점	O		
4차선 도로	O		
위해 시설	X		
초등학교	O		
중학교	O		대원중
고등학교	O		대원고 · 외고
대학교	O		건대, 세종대
학원	O		광장동
개발 호재	X		큰 호재 없음
관공서	O		
공원, 산, 강	O		어린이대공원

2. 건물 내 · 외부	
방의 개수	3
내부 청결도	중
채광	상
도배	중
장판	중
수도	O
도시가스	O
관리비 미납	X
승강기	X
누수	X
주차 대수	1
전세 금액	230,000,000원
월세 금액	
매매 금액	300,000,000원
매매 수요	중
임대 수요	중
중개소 번호	000-0000
관리소 번호	

3) 상가 임장 체크리스트 예제

<table>
<tr><th colspan="4">상가 임장 체크리스트</th></tr>
<tr><td>주소</td><td colspan="3">서울시 금천구</td></tr>
<tr><td>면적</td><td colspan="3">전용 55평</td></tr>
<tr><td>1. 주변 시설</td><td>유무</td><td>거리</td><td>기타</td></tr>
<tr><td>지하철역</td><td>O</td><td>200M</td><td></td></tr>
<tr><td>버스 정류장</td><td>O</td><td>100M</td><td></td></tr>
<tr><td>대형 마트</td><td>O</td><td>1KM</td><td></td></tr>
<tr><td>재래시장</td><td>X</td><td></td><td></td></tr>
<tr><td>아파트</td><td>O</td><td>1K</td><td></td></tr>
<tr><td>업무 지역</td><td>O</td><td></td><td></td></tr>
<tr><td>병원</td><td>X</td><td></td><td></td></tr>
<tr><td>학원</td><td>X</td><td></td><td></td></tr>
<tr><td>소규모 공장</td><td>O</td><td></td><td></td></tr>
<tr><td>소형 사무실</td><td>O</td><td></td><td></td></tr>
<tr><td>주거 지역</td><td></td><td></td><td></td></tr>
<tr><td>아파트 밀집</td><td>X</td><td></td><td></td></tr>
<tr><td>다세대 밀집</td><td>X</td><td></td><td></td></tr>
<tr><td>사무실 밀집</td><td>O</td><td></td><td></td></tr>
</table>

2. 건물 내 · 외부	
인테리어	O
내부 청결도	O
채광	O
도배	O
장판	O
수도	O
도시가스	O
관리비 미납	X
승강기	O
누수	X
주차 대수	2
임대료	3,500,000원
임대료 미납	X
권리금	X
임대 수요	O
매매 금액	600,000,000원
관리소 번호	
중개소 번호	

임장 체크리스트			
주소			
면적			
준공 연도			
1. 주변 시설	**유무**	**거리**	**기타**

2. 건물 내 · 외부	

임장 체크리스트			
주소			
면적			
준공 연도			
1. 주변 시설	**유무**	**거리**	**기타**

2. 건물 내 · 외부	

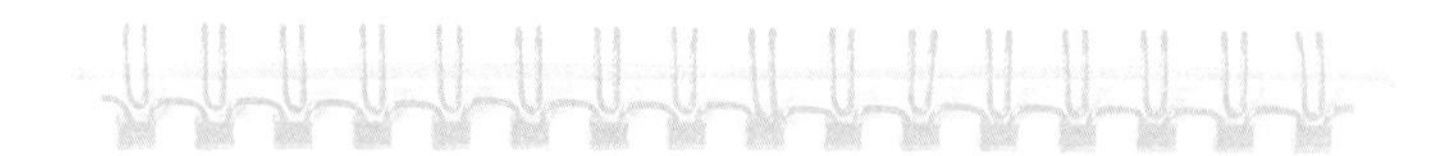

임장 체크리스트			
주소			
면적			
준공 연도			
1. 주변 시설	**유무**	**거리**	**기타**

2. 건물 내 · 외부	

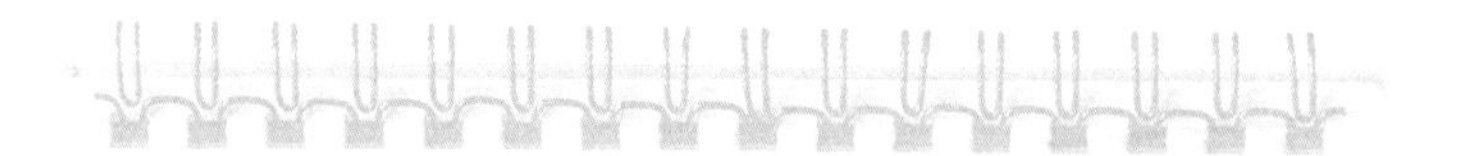

임장 체크리스트			
주소			
면적			
준공 연도			
1. 주변 시설	**유무**	**거리**	**기타**

2. 건물 내 · 외부	

임장 체크리스트			
주소			
면적			
준공 연도			
1. 주변 시설	**유무**	**거리**	**기타**

2. 건물 내 · 외부	

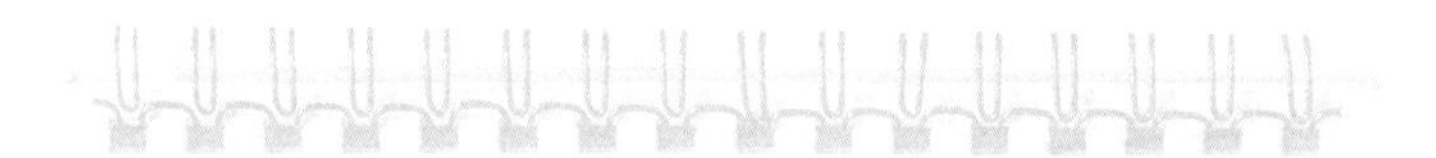

임장 체크리스트			
주소			
면적			
준공 연도			
1. 주변 시설	**유무**	**거리**	**기타**

2. 건물 내 · 외부	

임장 체크리스트			
주소			
면적			
준공 연도			
1. 주변 시설	**유무**	**거리**	**기타**

2. 건물 내 · 외부	

임장 체크리스트			
주소			
면적			
준공 연도			
1. 주변 시설	**유무**	**거리**	**기타**

2. 건물 내 · 외부	

임장 체크리스트			
주소			
면적			
준공 연도			
1. 주변 시설	**유무**	**거리**	**기타**

2. 건물 내 · 외부	

임장 체크리스트			
주소			
면적			
준공 연도			
1. 주변 시설	**유무**	**거리**	**기타**

2. 건물 내 · 외부	

임장 체크리스트			
주소			
면적			
준공 연도			
1. 주변 시설	**유무**	**거리**	**기타**

2. 건물 내 · 외부	

임장 체크리스트			
주소			
면적			
준공 연도			
1. 주변 시설	**유무**	**거리**	**기타**

2. 건물 내 · 외부	

임장 체크리스트			
주소			
면적			
준공 연도			
1. 주변 시설	**유무**	**거리**	**기타**

2. 건물 내 · 외부